教育部人文社会科学研究一般项目（20XJA710003）
海南省哲学社会科学规划课题（思政专项）（HNSZ2021-27）
海南省高等学校教育教学改革研究重点项目（HNJG2021ZD-36）
海南省高校思想政治工作中青年骨干队伍建设项目（2020-30-2-7）
海南热带海洋学院教育教学改革研究重点项目（RHYJGZD2020-09）
海南热带海洋学院教育教学改革研究项目（RHYJG2021SX06）

大学生价值观教育载体研究

王凯旋　著

图书在版编目(CIP)数据

大学生价值观教育载体研究/王凯旋著. --南昌:江西高校出版社,2022.7(2024.9 重印)
ISBN 978-7-5762-2978-3

Ⅰ.①大… Ⅱ.①王… Ⅲ.①大学生—社会主义核心价值观—研究—中国 Ⅳ.①G641

中国版本图书馆 CIP 数据核字(2022)第 106819 号

出 版 发 行	江西高校出版社
社　　　址	江西省南昌市洪都北大道 96 号
总编室电话	(0791)88504319
销 售 电 话	(0791)88522516
网　　　址	www.juacp.com
印　　　刷	固安兰星球彩色印刷有限公司
经　　　销	全国新华书店
开　　　本	700mm×1000mm　1/16
印　　　张	11.5
字　　　数	165 千字
版　　　次	2022 年 7 月第 1 版 2024 年 9 月第 2 次印刷
书　　　号	ISBN 978-7-5762-2978-3
定　　　价	58.00 元

赣版权登字 -07-2022-712
版权所有　侵权必究

图书若有印装问题,请随时向本社印制部(0791-88513257)退换

目录 CONTENTS

引言 /1

第一章 大学生价值观教育的课程载体 /3
一、思想政治理论课与大学生价值观教育 /4
二、哲学社会科学课与大学生价值观教育 /8
三、理工农医等专业课与大学生价值观教育 /12

第二章 大学生价值观教育的活动载体 /16
一、校园文化活动与大学生价值观教育 /16
二、社会实践活动与大学生价值观教育 /21
三、志愿服务活动与大学生价值观教育 /26

第三章 大学生价值观教育的文化载体 /30
一、文化载体对价值观的影响 /30
二、大学生价值观教育视域中的文化载体 /32
三、大学生价值观教育文化载体建构的路径 /37

第四章 大学生价值观教育的生活载体 /45
一、日常生活对价值观的影响 /45
二、大学生价值观教育视域中的生活载体 /47

三、大学生价值观教育生活载体建构的路径 /49

第五章　大学生价值观教育的网络载体 /54

一、网络对大学生的多样化影响 /54

二、大学生对网络的多样化需求 /57

三、大学生价值观教育视域中网络载体建构的意义 /61

四、大学生价值观教育视域中网络载体建构的挑战 /65

五、大学生价值观教育视域中网络载体建构的路径 /68

第六章　大学生价值观教育的社团载体 /87

一、社团对大学生的多样化影响 /87

二、大学生对社团活动的多样化期望 /89

三、大学生价值观教育视域中社团载体建构的意义 /93

四、大学生价值观教育视域中社团载体建构的挑战 /95

五、大学生价值观教育视域中社团载体建构的路径 /98

第七章　大学生价值观教育的公寓载体 /102

一、公寓生活对大学生的多样化影响 /102

二、大学生对公寓生活的多样化期望 /104

三、大学生价值观教育视域中公寓载体建构的意义 /105

四、大学生价值观教育视域中公寓载体建构的挑战 /107

五、大学生价值观教育视域中公寓载体建构的路径 /110

结语 /115

附录：作者关于大学生价值观教育的相关研究成果 /117

"80后"大学生责任意识的调查与分析 /117

价值澄清及其对社会主义核心价值体系教育的启示 /125

价值澄清理论视野下大学生价值观教育创新 /132

打造"三个平台",拓宽价值观教育的阵地 /145

大学生价值观教育中活动载体的运用 /151

新时代大学生社会主义核心价值观培育的逻辑进路 /159

参考文献 /168

后记 /176

引　言

大学生价值观是大学生对价值和价值关系的主观理解或表达,是指导大学生价值判断、价值实践的基本标准和概念体系。大学生价值观也是社会意识形态尤其是社会核心价值观在大学生中的体现,引领着整个社会的价值取向。经历了家庭和社会价值观的熏陶以及中小学的价值观教育,青少年已初步形成了一些基本的价值观念。这些既有的价值观念在青少年进入大学阶段,由"未成年人"向"成年人"转变、由"学校人"向"社会人"过渡的过程中,会得到进一步巩固或修正。在大学阶段,大学生在什么样的环境中成长,受到什么样的环境滋养与价值引领,深刻影响到他们能否顺利完成由"未成年人"向"成年人"的转变、由"学校人"向"社会人"的过渡,深刻影响到他们能否从理性上认同与践行社会主义核心价值观,也深刻影响到他们能否积极地引领整个社会的价值取向。

中国共产党向来重视青年学生的思想教育与价值引领。中国共产党建党前后,党的早期领导人十分注重以创办期刊、开展学生运动的方式在青年学生中培育马克思主义价值观,并通过青年学生在全社会唤醒群众、引领群众。新中国成立后,高校成为大学生价值观教育的主阵地,大学生价值观教育走向机制化、系统化、专业化、常态化,教育方式更加多样化,培养爱祖国、爱人民、爱科学、爱劳动、爱社会主义的价值观念成为大学生价值观教育的主旋律。改革开放过程中,党和国家领导人多次强调要加强思想政治教育,引导青年成为"有理想、有道德、有文化、有纪律"的新人。在建立社会主义市场经济体制的过程中,大学生价值观教育更加突出爱国主义、集体主义和社会主义教育。进入新世纪,党和国家强调要"切实把社会主义核心价值体系融入国民教育和精神文明建设全过程",引导大学生全面认识和实践社会主义核心价值观。党的十八大以来,习近平总书记站在确保党和人民事业薪火相传的战略高度,亲切关怀青年学生成长成才,对大学生价值观教育中的重大理论和实践问题进行了深入思考,提出了系列重要论述,形成了关于大学生价值观教育的重要思想,为做好新时代大学生价值观教育工作指明了方向。习近平总书记指出:"青年的价值取向决定了未来整个社会的价值取向,而青年又处在价值观形成和确立的时期,抓好这一时期的价值观养成十分重要。"①"用社会主义核心价值观教育学生,引导他们扣好人生的第一粒扣子,是高校思想政治工作的使命所在。我们强调学校教育、育人为本,德智体美、德育为先,就是说高校要成为锻造优秀青年的大熔炉。"②在新时代的中国,高校思想政治工作者在引领大学生认同与践行社会主义核心价值观的过程中,用以承载价值观教育内容、传递社会主义核心价值理念的形式、手段、途径,即为大学生价值观教育载体。

　　大学生价值观受原生家庭、基础教育、社会氛围的影响,但更直接地受到所在高校的学习环境、生活环境的影响。此外,网络空间已经随着互联网的普及,发展成为影响大学生价值观生成的重要领域。从宏观上看,这些因素相互作用、相互影响,形成了塑造大学生价值观的合力。从高校内部看,大学生价值观教育载体与高校思想政治工作载体高度一致,主要涉及课程载体、活动载体、文化载体、生活载体,以及网络载体、社团载体、公寓载体等。这些载体既相互贯通、彼此影响,又具有相对独立性,在新时代背景下对大学生价值观具有越来越深刻的影响。做好新时代大学生价值观教育工作,需要以习近平总书记关于思想政治工作尤其是大学生价值观教育的重要论述为指导,深刻认识价值观教育载体在引领大学生认同与践行社会主义核心价值观中的重要意义,进一步熟悉大学生价值观教育载体的类型、特点及其对大学生价值观生成的影响,针对相关领域存在的现实问题,探索大学生价值观教育载体的优化路径。

---

　　① 汪晓东,王洲.让青春在奉献中焕发绚丽光彩:习近平总书记关于青年工作重要论述综述[N].人民日报,2021-05-04(1).
　　② 汪晓东,王洲.让青春在奉献中焕发绚丽光彩:习近平总书记关于青年工作重要论述综述[N].人民日报,2021-05-04(1).

第一章　大学生价值观教育的课程载体

要优化大学生价值观教育的载体,首先要完善课程载体的建设。高校的课程设置因专业而异,但思想政治理论课、哲学社会科学课以及理工农医等专业课这三类课程是主体,构成了大学生价值观教育的主要课程载体。其中,思想政治理论课是大学生必修的公共课,是帮助大学生树立正确的世界观、人生观和价值观的重点课程,是大学生价值观教育的主渠道;哲学社会科学课程大多具有鲜明的思想属性,对于帮助大学生树立正确的政治方向,分析和认识复杂的社会现象,提高精神境界和思想道德修养,具有重要作用;理工农医等专业课程也承载着很多价值观教育资源,是大学生价值观教育的重要载体。三类课程相互渗透,各有侧重,贯穿于高校教育教学的各个领域,构成了大学生价值观教育的课程体系。教育部等八部门发布的《关于加快构建高校思想政治工作体系的意见》(教思政〔2020〕1号)强调,要"贯通学科体系、教学体系、教材体系、管理体系,加快构建目标明确、内容完善、标准健全、运行科学、保障有力、成效显著的高校思想政治工作体系"[①]。高校应牢固树立全员、全程、全方位育人的理念,深入把握各类课程的特点与规律,明确各类课程的角色与定位,不断加强和改进价值观教育的课程载体建设,奠定大学生价值观教育的基础。而要加强大学生价值观教育的课程载体建设,需要在思想上深刻认识到,不仅思想政治理论课具有价值观教育的功能,哲学社会科学课、理工农医等专业课也具有价值观教育的功能。改进大学生价值观教育课程载体建设,关键是要在思想政治理论课、哲学社会科学课和理工农医等专业课建设中相互配合、相互促进,结合新时代、新形势、新任务,针对大学生价值观念新特点,提高价值观教育实效性。

---

① 中华人民共和国教育部.教育部等八部门关于加快构建高校思想政治工作体系的意见[EB/OL].(2020-05-12)[2022-02-11].http://www.moe.gov.cn/srcsite/A12/moe_1407/s253/202005/t20200511_452697.html.

一、思想政治理论课与大学生价值观教育

思想政治理论课是我国高校所有专业必开的通识必修课程,加强和改进思想政治理论课建设是大学生价值观教育的基础性工作。

(一)大学生价值观教育视域中的思想政治理论课

《教育部关于印发〈新时代高校思想政治理论课教学工作基本要求〉的通知》(教社科〔2018〕2号)指出:"思想政治理论课承担着对大学生进行系统的马克思主义理论教育的任务,是巩固马克思主义在高校意识形态领域指导地位、坚持社会主义办学方向的重要阵地,是全面贯彻党的教育方针、落实立德树人根本任务的主干渠道和核心课程,是加强和改进高校思想政治工作、实现高等教育内涵式发展的灵魂课程。"①随着中国特色社会主义进入新时代,党和国家对高校思想政治工作提出了新要求。高校思想政治理论课在新时代的指导思想是:"高举中国特色社会主义伟大旗帜,以马克思列宁主义、毛泽东思想、邓小平理论、'三个代表'重要思想、科学发展观、习近平新时代中国特色社会主义思想为指导,全面贯彻党的教育方针,落实立德树人根本任务,把高校思想政治理论课教学工作摆在更加突出的位置,更加重视加强和改进教学管理,更加重视提升教学质量,不断提升思想政治理论课的亲和力和针对性,全面推动习近平新时代中国特色社会主义思想进教材进课堂进学生头脑,牢固树立'四个意识',坚定'四个自信',培养德智体美全面发展的中国特色社会主义合格建设者和可靠接班人,培养担当民族复兴大任的时代新人。"②

中共中央办公厅、国务院办公厅印发的《关于深化新时代学校思想政治理论课改革创新的若干意见》指出,要"调整创新思政课课程体系","加强以

---

① 中华人民共和国教育部. 教育部关于印发《新时代高校思想政治理论课教学工作基本要求》的通知[EB/OL]. (2018 - 04 - 24)[2022 - 02 - 11]. http://www.moe.gov.cn/srcsite/A13/moe_772/201804/t20180424_334099.html.

② 中华人民共和国教育部. 教育部关于印发《新时代高校思想政治理论课教学工作基本要求》的通知[EB/OL]. (2018 - 04 - 24)[2022 - 02 - 11]. http://www.moe.gov.cn/srcsite/A13/moe_772/201804/t20180424_334099.html.

习近平新时代中国特色社会主义思想为核心内容的思政课课程群建设。在保持思政课必修课程设置相对稳定基础上,结合大中小学各学段特点构建形成必修课加选修课的课程体系。全国重点马克思主义学院率先全面开设'习近平新时代中国特色社会主义思想概论'课。博士阶段开设'中国马克思主义与当代',硕士阶段开设'中国特色社会主义理论与实践研究',本科阶段开设'马克思主义基本原理概论''毛泽东思想和中国特色社会主义理论体系概论''中国近现代史纲要''思想道德修养与法律基础''形势与政策',专科阶段开设'毛泽东思想和中国特色社会主义理论体系概论''思想道德修养与法律基础''形势与政策'等必修课。各高校要重点围绕习近平新时代中国特色社会主义思想,党史、国史、改革开放史、社会主义发展史,宪法法律,中华优秀传统文化等设定课程模块,开设系列选择性必修课程。"[1]大学生价值观教育以社会主义核心价值体系(马克思主义理论指导、中国特色社会主义共同理想、以爱国主义为核心的民族精神、以改革创新为核心的时代精神、社会主义荣辱观)建设为中心,着眼于在大学生中培育"富强、民主、文明、和谐、自由、平等、公正、法治、爱国、敬业、诚信、友善"的社会主义核心价值观。这与思想政治理论课性质、任务、目的和内容高度契合,决定了思想政治理论课是大学生价值观教育的主阵地、主课程和主渠道。

大学生价值观教育的主阵地是思想政治理论课堂。我们的大学是社会主义大学,无论从性质还是任务方面都要求以思想政治理论课引导大学生掌握马克思主义的世界观和方法论,树立正确的人生观和价值观,坚定对马克思主义的信仰,树立共产主义的崇高理想和中国特色社会主义的共同理想。这就决定了思想政治理论课在大学生价值观教育中的主体地位。

大学生价值观教育的主课程是思想政治理论课程。思想政治理论课程的宗旨是贯彻社会主义大学立德树人的根本要求,开展系统的马克思主义理论和思想政治教育,帮助大学生掌握马克思主义理论、认同与践行社会主义核心价值观。这与大学生价值观教育的目标是一致的。二者宗旨、目标

---

[1] 中华人民共和国教育部.教育部等八部门关于加快构建高校思想政治工作体系的意见[EB/OL].(2020-05-12)[2022-02-11]. http://www.moe.gov.cn/srcsite/A12/moe_1407/s253/202005/t20200511_452697.html.

的一致性,决定了思想政治理论课程是大学生价值观教育的主体课程。

大学生价值观教育的主渠道是思想政治理论课教学,核心内容渗透在马克思主义基本原理和思想道德与法治等课程教学中。其中马克思主义基本原理课程的教学内容主要是马克思主义哲学、马克思主义政治经济学、科学社会主义理论,并延伸到毛泽东思想、中国特色社会主义理论等内容;思想道德与法治课程的教学内容既包括思想观念,也包括法治观念。可见,思想政治理论课作为大学生价值观教育主渠道的作用是毋庸置疑的。

总之,思想政治理论课堂、思想政治理论课程、思想政治理论课教学分别是大学生价值观教育的主阵地、主课程、主渠道。我们要通过这个主阵地、主课程、主渠道,把社会主义核心价值观融入大学生头脑。

(二)在思想政治理论课中推进大学生价值观教育

思想政治理论课不是简单的知识型课堂教学。在思想政治理论课中推进大学生价值观教育,应坚持理论教育与文化渗透相结合、正面教育与侧面纠偏相结合、实践锻炼与情感体验相结合的原则。

坚持理论教育与文化渗透相结合。目前,我国已经通过"马工程"重点教材将社会主义核心价值观融入思想政治理论课,保证了社会主义核心价值观教育内容的"全面性",但这也使社会主义核心价值观教育失去了"完整性"。换句话说,尽管社会主义核心价值观的各个部分都渗透在教材和教学中,但它们已经成为知识的"碎片",这将直接导致对社会主义核心价值观本身的忽视。因此,在思想政治理论课中还需要进行社会主义核心价值观的专项理论教育,使其整体内容能被广大学生充分感知、认可和内化。

坚持正面教育与侧面纠偏相结合。大学生价值观教育实质上是为了推动大学生完成价值认同。为了推动大学生价值认同,价值观教育既需要正面引导,也需要侧面纠偏。在正面教育方面,思想政治理论课的主要任务是深入阐释社会主义核心价值观的含义、内容及其各部分之间的关系,促进学生准确理解理论内涵,深刻把握实践要求。侧面纠偏,则要求教师充分关注学生思想行为的实际情况,及时了解学生潜在的思想和情感问题,结合社会主义核心价值观的内容,有针对性地加以解决。

坚持实践锻炼与情感体验相结合。引领大学生在不断的参与和体验中形成一定价值观的实践过程就是大学生价值观养成教育。大学生价值观教育的实效性不仅体现在大学生自觉接受和遵循社会主义核心价值观的态度上,还体现在大学生能否在社会实践中以社会主义核心价值观引领自己的活动。在思想政治理论课教学中,应预见大学生在实践中可能遇到的选择困境,尽量设置实践情境,促进实践社会主义核心价值观的锻炼。同时,在明确社会主义核心价值观主要内容的基础上,要引导大学生对相关价值观念和行为进行积极的情感体验,由此对社会主义核心价值观产生兴趣并愿意接受,对各种消极价值观产生心理拒斥。这样就能在大学生与社会主义核心价值观之间建立有积极意义的情感联系。

长期以来,从设置"两课"到开设"思想政治理论课",我国高校在大学生价值观教育课程载体建设中积累了丰富的经验。十八大以来,《关于深化新时代学校思想政治理论课改革创新的若干意见》《新时代高校思想政治理论课教学工作基本要求》《关于加强新时代高校"形势与政策"课建设的若干意见》《"新时代高校思想政治理论课创优行动"工作方案》《深化新时代学校思想政治理论课改革创新先行试点工作方案》等配套文件先后下发,指明了新时代高校思想政治理论课的建设方向。新时期,我们要在思想政治理论课中进一步贯彻党和国家对大学生价值观教育的要求。我们应该尊重大学生的主体地位,加强课程建设,推进内容转化,改进教学方法。

要尊重大学生的主体地位。根据双向主体理论,教学活动有两个主体,教师是教授的主体,学生是学习的主体。两个主体都积极参与教学过程,才能事半功倍。如果忽视了学生在学习中的主体地位,教师的教授就容易失败。在思想政治理论课教学中,只有尊重大学生的主体地位,贴近学生、贴近现实、贴近时代,关注和化解他们的思想困惑和生活中的矛盾,才能增强对他们的吸引力,真正落实大学生价值观教育的任务。

要加强思想政治理论课程建设。要按照大中小幼思政课一体化原则,做好与中小学思政课的衔接,避免课程内容的重复。要着眼于培育社会主义核心价值观,进一步完善课程体系,丰富教学内容,加强教材建设,形成合理、互补、相对稳定的课程体系。马克思主义基本原理课程应注重帮助学生从整体上把握马克思主义,理解人类社会发展的基本规律;毛泽东思想和中国特色社会主义理论体系概论课程的重点是帮助学生系统地掌握中国的马克思主义,树立中国特色社会主义共同理想;中国近现代史纲要课程要注重帮助学生了解民族历史和国情,深刻认识中国特色社会主义道路的历史必然性;思想道德与法治课程旨在强化大学生的社会主义法治观和道德观,解决他们成长过程中遇到的实际问题。

要推进社会主义核心价值观内容体系、思想政治理论课课程体系、思想政治理论课教学体系和大学生素质体系的"转换"。一是探索社会主义核心价值观内容体系向思想政治理论课课程体系转化的规律,将社会主义核心价值观渗透到思想政治理论课课程体系中;二是探索思想政治理论课课程体系向思想政治理论课教学体系转化的规律,通过教学体系促进社会主义核心价值观内容体系在课堂教学中的落实;三是探索思想政治理论课教学体系向大学生素质体系转化的规律,运用多种教学要素将社会主义核心价值观转化为大学生的综合素质。

要创新思想政治理论课教学方法。要坚持情理结合,耐心待人,关心、爱护和尊重学生。要坚持以身作则与言传身教相结合,不仅要依靠真理和逻辑的力量,还要依靠教师人格的力量来推进大学生价值观教育。要依托网络,运用多媒体技术,通过生动的语言、新鲜的实例和新颖的形式,活跃教学气氛,激发学生的思维,提高教学效果。要紧密结合大学生思想实际和国际国内热点问题,开展生动的形势政策教育。还要关注校园文化活动和社会实践活动,把思想政治理论课的理论和观念融入其中。

二、哲学社会科学课与大学生价值观教育

哲学社会科学又称人文社会科学,是对人文科学与社会科学的总称。其中,人文科学的研究对象是人类的精神世界及其积累、沉淀的精神文化;社会科学的研究对象是人类社会。无论是人文科学,还是社会科学,要么本身就属于哲学范畴,要么以哲学为基础。大学生价值观教育应充分发挥各种性质的哲学社会科学课程的价值导向作用。

(一)大学生价值观教育视域中的哲学社会科学课

哲学社会科学或人文社会科学涵盖了大部分人文学科,如经济学、心理

学、法学、艺术学、教育学、管理学、历史学、中国语言文学、外国语言文学、社会学、人类学、政治学、宗教学、逻辑学、伦理学等学科,以及相关的跨界学科。哲学社会科学课程蕴含着丰富的价值观教育资源,在大学生价值观的形成中起着极其重要的作用。

哲学社会科学课程指导学生如何成为"人"。教学生"做人"是大学生价值观教育的根本任务,"做人"首先要具备人文素养。长期以来,面对贫富分化、犯罪、道德问题,以及人口、资源与环境等威胁人类生存和发展的问题,我们不仅要提高科技水平,促进生产力的发展,把物质财富的"蛋糕"做大,也要从根本上正确处理人、社会和自然之间的关系。所以,世界上不少国家都非常关注人类的可持续发展,关注健康人格的发展,并通过养成教育、通识教育等手段实现自己的目标。哲学社会科学课程的开设,可以让学生做到开放、自由、理性、宽容,尊重人的价值,关注人的处境和命运。哲学社会科学课程还可以帮助学生理解人类的完整性,关注比人类物质生存更高的地方;帮助学生拓宽视野,从人类的各种生活方式中找到统一,从差异中找到属于整个人类的体验。这样,他们就可以超越自己,为人类的共同命运而思考。[①]

哲学社会科学课程引导学生树立具有历史理性的价值观。人的生命与动物不同,本质上是以价值实现为追求的文化生命的存在。哲学社会科学课通过探讨人的本质,揭示、确立具有历史合理性的社会核心价值取向和理想社会目标,批判、解构以往过时的价值观,建立起与时俱进的社会核心价值观。尽管自然科学的新发现、新理论将对价值观产生重要影响,但它们无法确立人类的价值观。例如,关于"克隆"研究是否应该扩展到人类的讨论通常表明自然科学在价值选择方面的失败。建构人们价值观的主要学科是文学、历史、哲学等。其中,社会科学的各个分支都涉及价值取向和理想追求问题,但这些问题只能依靠人文学科建立的价值体系来解决。例如,经济学中公平与效率的关系实际上是市场经济中的价值取向问题。单纯地在

---

① 徐涛.论大学人文素质教育的重要性[J].重庆交通学院学报(社会科学版),2005,5(1):110.

经济学本身的范围内,很难解释"公平"与"效率"之间纠缠不清的关系;只有通过哲学讨论,我们才能对这个问题做出更合理的解释。没有哲学社会科学课程,其他的现代大学教育很难独立地帮助大学生建立合理的价值观。

哲学社会科学课程建设大学生的精神家园。就人类的生存和发展而言,精神世界才是人们文化生活的真正落脚点。而建构人类的精神世界,主要由人文学科发挥主导作用。人文课程可以帮助大学生在精神世界中建立"家",使大学生在依靠知识和技能获得物质世界的"家"后,不会因为价值观的迷失和思想的迷茫而在精神世界中找不到"家",成为精神世界的流浪汉。这个功能,在中国哲学看来,就是让人们"安身立命";在西方哲学看来,与人们的"终极关怀"有关;在现代教育学看来,就是让人成为"完美的人"。① 改革开放以来,在向市场经济转轨的过程中,高校人文精神的缺失值得高度关注。一是部分大学生人文素质较低。一些高校把高等教育等同于职业教育,强调科技,忽视人文,强调专业,忽视素养,导致学生的人文素质普遍较低。许多学生知识渊博,技能娴熟,但缺乏情商、创新能力和发展潜力。二是部分大学生功利主义思想浓厚,没有崇高理想与精神追求。在实用主义思想的侵蚀下,一些大学生以自我为中心,表现出功利主义价值取向,过于注重短期价值目标。他们在选择专业和职业时急功近利,只注重眼前利益,忽视自身长远发展。一些大学生物质丰富,精神空虚,失去生活方向。三是有的大学校园也面临"道德滑坡"现象,一些大学生失去了"人文精神"。虽然大多数大学生都具有良好的道德素质,但也有一些大学生有不遵守规则和道德的行为,如旷课、作弊、插队、打架等。还有一些大学生集体观念淡薄,利他精神缺乏,没有社会责任感,只注重个人奋斗。在表面的文化繁荣中,一些高校正经历着"人文精神"的缺失危机。

(二)在哲学社会科学课中推进大学生价值观教育

教育部等八部门发布的《关于加快构建高校思想政治工作体系的意见》(教思政〔2020〕1号)强调,要"强化马克思主义理论学科引领作用,推出一批中国特色哲学社会科学精品力作。加强哲学社会科学教材规划编审和规

---

① 李维武.大学人文教育的失落与复兴[J].高等教育研究,2000,21(3):8.

范选用工作。加大哲学社会科学各学科专业中的马克思主义理论类课程建设。扎实推进哲学社会科学专业课程思政建设,文学、历史学、哲学类专业课程要帮助学生掌握马克思主义世界观和方法论,从历史与现实、理论与实践等相结合的维度深刻理解习近平新时代中国特色社会主义思想。经济学、管理学、法学类专业课程要培育学生经世济民、诚信服务、德法兼修的职业素养。教育学类专业课程要注重加强师德师风教育,引导学生树立学为人师、行为世范的职业理想"①。该文件指出,要"重点建设一批提高大学生思想道德修养、人文素质、科学精神和认知能力的公共基础课程","艺术学类专业课程要教育引导学生树立正确的艺术观和创作观,积极弘扬中华美育精神"②。在大学生修读的各类哲学社会科学课中渗透价值观教育,是复杂的系统工程。在教学时间合理、教学渠道畅通的基础上,要各方协同建设价值观教育的哲学社会科学课程载体。

要着眼于培育大学生哲学社会科学素质,深化教学改革,完善课程体系。一是要理顺哲学社会科学课程的建设机制。哲学社会科学专业是该类课程的"大本营"。学校应完善哲学社会科学专业的培养计划,以教学文件的形式设置课程,为该类课程的组织实施提供明确的依据。二是要开设从专业课中分化或延伸出来的哲学社会科学性质的通识课。任何学科发展史都渗透着学科方法论思想,蕴藏着该学科杰出科学家和优秀科技工作者的奉献精神,以他们的科学成就、学术精神、成功之路、研究方法和哲学思想教育大学生,也是一种良好的榜样教育。

要提高全体教师的哲学社会科学素质,促进文理交叉渗透。一方面要高度重视哲学社会科学教学队伍建设,"充分挖掘哲学社会科学课程的思想政治教育资源,建立健全符合国情的哲学社会科学人才培养质量标准体系,

---

① 中华人民共和国教育部.教育部等八部门关于加快构建高校思想政治工作体系的意见[EB/OL].(2020-05-12)[2022-02-11].http://www.moe.gov.cn/srcsite/A12/moe_1407/s253/202005/t20200511_452697.html.

② 中华人民共和国教育部.教育部等八部门关于加快构建高校思想政治工作体系的意见[EB/OL].(2020-05-12)[2022-02-11].http://www.moe.gov.cn/srcsite/A12/moe_1407/s253/202005/t20200511_452697.html.

制定实施马克思主义理论、新闻传播学、法学、经济学、政治学、社会学、民族学、哲学、历史学等相关专业类教学质量国家标准,启动实施卓越马克思主义理论人才培养计划,深入实施卓越新闻传播人才、法律人才培养计划"①。另一方面也要鼓励非哲学社会科学专业教师结合具体课程,有针对性地提高哲学社会科学素养,将哲学社会科学素养融入专业课教学,增强教学魅力。

在培育大学生哲学社会科学素质的基础上,要深化对大学生的人文精神教育。所谓人文精神,就是对人生的思考,对人生理想和价值的追求。弘扬人文精神,就是要结合哲学社会科学课程的教学,培养大学生的健全人格和健康心理,使他们能够正确对待人生得失、吉凶祸福和生老病死。我们应该避免用纯粹的政治教育取代思想教育,忽视对个人追求自由和幸福的人文关怀。要尊重大学生、关心大学生,正视他们对道德信仰和道德人格的追求,正视他们对自由、平等、正义的看重,正视他们对人的尊严和主体性的期待,正视他们对生与死、信仰、幸福和生命意义的反思,正视他们对人类的终极关怀。要拓宽人文精神教育的渠道,通过内涵丰富、生动感人的课堂教学,培育良好的人文关怀氛围,教育大学生要关注社会发展,提高思想水平,塑造高尚人格,关爱生活、学会做人、学会合作,促进知识、能力、素养全面提升,智商与情商全面发展。

三、理工农医等专业课与大学生价值观教育

中共中央、国务院《关于进一步加强和改进大学生思想政治教育的意见》(中办发〔2004〕16号)强调:"要深入发掘各类课程的思想政治教育资源,在传授专业知识过程中加强思想政治教育,使学生在学习科学文化知识过程中,自觉加强思想道德修养,提高政治觉悟。"②教育部等八部门发布的

---

① 中办国办印发《意见》:加强和改进新形势下高校宣传思想工作[N].人民日报,2015-01-20(1).
② 中华人民共和国教育部.中共中央国务院发出《关于进一步加强和改进大学生思想政治教育的意见》[EB/OL].(2004-10-15)[2022-02-11]. http://www.moe.gov.cn/jyb_xwfb/gzdt_gzdt/moe_1485/tnull_3939.html.

《关于加快构建高校思想政治工作体系的意见》(教思政〔2020〕1号)指出,要"统筹课程思政与思政课程建设,构建全面覆盖、类型丰富、层次递进、相互支撑的课程体系"①。除了哲学社会科学类课程,大学的其他课程主要在理工农医等学科。推进大学生价值观教育,要高度重视在理工农医等专业课程中开展课程思政建设。

(一)大学生价值观教育视域中的理工农医等专业课

理工农医等专业课程蕴含着独特的价值观教育资源,是培育大学生价值观的重要课程载体。由于具有隐蔽性、随机性和渗透性等特点,在理工农医等专业课程中开展价值观教育,大学生更容易接受。

理工农医等专业课程中的价值观教育是隐性的。在教育形式上,与属于显性价值观教育的思想政治理论课相比,理工农医等专业课适合开展隐性的价值观教育。这是一种没有"价值观教育"标签的价值观教育,是"润物无声"的价值观教育,主要借助学生自身的经验和体验完成价值观的认同。这种"自然"的方式可以避免传统"我说你听"的僵化的教学方式,有助于消除学生的叛逆心理,能够收到更好的教育效果。

理工农医等专业课程的价值观教育是"随机"的。从现象看,理工农医等专业课中的价值观教育通常表现出"非预设性"和"随机性"。但是,这并不意味着教育者授课前未进行"预设",也并不妨碍教育者具有某种主观意识。它要求相关专业教师抓住最好的教育机会,利用专业课程内容的特点,随时随地调动学生的主动性、积极性和创造性,使学生在专业教学中受到爱国主义情怀的熏陶,培养职业道德、创新创业精神和法治精神。

理工农医等专业课程的价值观教育具有渗透性。理工农医等专业课程中的价值观教育不是硬性地添加进去,而是结合专业教学内容,渗透到专业知识中。融入价值观教育内容后,专业课程更充实、更有活力、更人性化。进一步推进理工农医等学科的课程思政建设,不仅能使学生接受良好的价值观教育,而且能回馈专业教育,提升人才培养质量。这种"文以载道"的价

---

① 中华人民共和国教育部.教育部等八部门关于加快构建高校思想政治工作体系的意见[EB/OL].(2020-05-12)[2022-02-11]. http://www.moe.gov.cn/srcsite/A12/moe_1407/s253/202005/t20200511_452697.html.

值观教育模式,克服了传统思想政治理论课的单调性。它比简单的理论教育更自然、更生动,价值观教育效果更显著。

(二)在理工农医等专业课中推进大学生价值观教育

教育部等八部门发布的《关于加快构建高校思想政治工作体系的意见》(教思政〔2020〕1号)指出:"理学、工学类专业课程要注重科学思维方法的训练和科技伦理的教育,培养学生探索未知、追求真理、勇攀科学高峰的责任感和使命感,培养学生精益求精的大国工匠精神。农学类专业课程要注重培养学生的大国'三农'情怀,引导学生'懂农业、爱农村、爱农民'。医学类专业课程要注重加强医德医风教育,注重加强医者仁心教育,教育引导学生尊重患者,学会沟通,提升综合素养。"① 理工农医等专业课程的教师要深入挖掘课程中蕴含的价值观教育资源,结合课程特点和学生思想实际,开展价值观教育。要把社会主义核心价值观渗透进理科、工科、农学、医学等学科的相关专业课程中,融入教学、科研和社会服务的各个环节,让年轻学生在不知不觉中受到影响并接受教育。

深入挖掘理工农医等专业课教材中的价值观教育资源。理工农医等专业课教师应坚持科学性与思想性相统一,自觉挖掘专业课中的价值观教育资源,为育人做好准备,并融入课堂。教师要从提高大学生道德品质的高度出发,从思想渗透的原则出发,从大学生的思想实际出发,结合专业建设的实际需要,灵活对待教材,或随机连接、自然延伸,或增添补充、适当扩张,尽最大努力把教材中的价值观教育因素挖掘出来。

结合理工农医等学科的特点,培养大学生的价值观。理工农医等专业课教师可以通过教授专业发展史,激发学生的专业学习积极性,鼓励他们树立创新创业精神和为专业终生奋斗的精神,还可以通过介绍该学科发展过程中的杰出历史人物,介绍该学科与人民群众日常生活的密切关系,激发学生的正义感、社会责任感和造福人类的热情。理工农医等专业课教师在教授学生科学结论时,应同时讲解结论的形成过程,使学生接受科学方法和科

---

① 中华人民共和国教育部.教育部等八部门关于加快构建高校思想政治工作体系的意见[EB/OL].(2020-05-12)[2022-02-11]. http://www.moe.gov.cn/srcsite/A12/moe_1407/s253/202005/t20200511_452697.html.

学思维的训练,接受艰苦奋斗、不怕挫折的教育,培养独立思考和探索新知识的精神,培养热爱科学的情怀和实事求是的学风。

大学生价值观教育应与专业实践活动相结合。要调动大学生的积极性和创造性,引导他们把理论学习所得运用于生产实践,形成既善于思考、又善于动手操作的习惯。应该鼓励大学生进行创造性学习,培养创造性思维能力。要在专业实践中以民主平等的教学氛围深化师生关系。要引导学生在实践过程中仔细观察、大胆想象、积极思考、谨慎操作,培养他们敏锐的观察力、准确的判断力、丰富的想象力和严谨的态度。

要以专业老师的高尚人格感染学生。榜样示范比言语教学更重要,专业教师的高尚人格对大学生起着潜移默化的引领作用。理工农医等专业课程的价值观教育是通过专业课程教师进行的。他们可以结合学生的实际渗透正确的世界观、人生观、价值观。他们的价值观引领作用,是专职思想政治工作者难以发挥的。理工农医等专业课教师应胸怀立德树人之情怀,以自己的模范行为,以专业教师的影响力和感召力,引领大学生认同与践行社会主义核心价值观。

理工农医等专业课程应重视科学精神教育。要结合理工农医等专业知识的传授,培养大学生探索未知、追求真理的理性精神,实事求是、尊重规律的研究态度,独立思考、敢于怀疑的批判精神,开拓创新、勤奋不懈的创业精神。要在专业教学中弘扬科学精神,避免用传授科学知识来代替弘扬科学精神。专业教师不仅要传授相关专业的科学知识,还要引导学生用批判性思维、理性思维和自由讨论来分析和检验所学知识。

综上所述,理工农医等专业课教学中蕴含着丰富的价值观教育资源,是大学生价值观教育的有效载体。在理工农医等专业课教学中对大学生进行价值观教育,不仅可以使专业课程充满活力和魅力,而且可以使其成为价值观教育的突破口。就大学生价值观教育而言,只有与专业课程教学有机结合,才能使大学生既获得专业技能,又提高思想素质。

第二章　大学生价值观教育的活动载体

大学生价值观教育体现在高校办学活动的各个领域。课堂教学中的各类课程是高校立德树人的基本载体,校园文化活动、社会实践活动、志愿服务活动等是高校课堂教学的延伸,也是高校立德树人的重要载体。高校要培养学生全面发展,必须坚持灌输与渗透相结合,在与大学生密切相关的校园文化活动、社会实践活动、志愿服务活动中传播社会主义核心价值观,使其成为价值观教育的活动载体,引导大学生在积极参与这些活动的过程中,认同和践行社会主义核心价值观。

一、校园文化活动与大学生价值观教育

2020年教育部等八部门发布的《关于加快构建高校思想政治工作体系的意见》(教思政〔2020〕1号)指出,要"坚持培育优良校风教风学风,持续开展文明校园创建活动。建设一批文化传承基地。发挥校园建筑景观、文物和校史校训校歌的文化价值。加强高校原创文化精品创作与推广"[①]。校园文化活动是大学生的"第二课堂"。校园文化活动中的理论武装、舆论引导、精神塑造、作品激励等因素,都会潜移默化地影响大学生的价值观。高校要加强大学精神、校风学风和校园文化环境建设,通过校园文化活动营造具有优良传统、呈现时代精神、蕴含良好学风和充满崇高理想的大学文化氛围,以其滋养大学生价值观。

(一)大学生价值观教育视域中的校园文化活动

高校校园文化活动丰富多彩,譬如有影视展播、话剧表演、歌咏(舞蹈)比赛、文艺汇演、棋类大赛、朗读(演讲)比赛、辩论赛、书法(绘画、摄影)展

---

① 中华人民共和国教育部.教育部等八部门关于加快构建高校思想政治工作体系的意见[EB/OL].(2020-05-12)[2022-02-11].http://www.moe.gov.cn/srcsite/A12/moe_1407/s253/202005/t20200511_452697.html.

览、读书会、法律知识竞赛等形式多样的文化娱乐活动;有围绕传统节日、庆典组织的活动;有革命历史主题纪念活动或其他人为策划的主题庆祝活动;有拔河、跳绳、球类运动、武术比赛、田径比赛等体育活动。校园文化活动具有经常性、广泛性的特点,形式多样、易于操作,主题鲜明、贴近生活,深受大学生欢迎,在陶冶大学生情操、丰富大学生精神文化生活、增强班级集体荣誉感等方面发挥着重要作用。

从大学生价值观教育的角度来看,校园文化活动具有价值观教育功能。

价值导向功能。校园文化活动渗透着高校所倡导的价值观念、价值追求和价值目标,具有内在的感染力,能够以其特有的"象征符号"向学生传递一些潜在的观念、规范和价值标准,潜移默化地影响和规范着大学生的价值取向。丰富多彩的校园文化活动不仅可以提高学生判断真善美、假恶丑的能力,还可以引导学生树立进取的人生态度。

陶冶人、感染人的功能。大学生的生活长期伴随着校园文化活动,这种具体而生动的微观社会环境能够陶冶大学生的情操,净化大学生的心灵,改进大学生的行为习惯,升华大学生的高尚人格。积极向上的校园文化活动可以使大学生始终受到优秀价值观的滋养,从而收到"入芝兰之室,久而自芳""蓬生麻中,不扶自直"的教育效果。

调节心理的功能。校园文化活动可以让大学生的精神生活更加丰富,使他们在紧张的学习后感到快乐、充满活力、情绪高昂。校园文化活动可以削弱甚至消除学生的自我情绪干扰,从而缓解学生的心理压力。它还可以调节学生因竞争失意、生活枯燥和学习紧张而产生的消极情绪,将消极因素转化为积极因素,将悲伤状态转化为乐观状态。

塑造人格的功能。大学生可以在校园文化活动中展示自己的才华,锻炼自己的沟通与交往能力,找到发展的坐标,培养健康的人格,这样就能增强对自己的信心。校园文化氛围能使学生在不知不觉中受到启发,并将有关价值理念升华为情感和意志,固化为个人品格。

规范大学生言行的功能。校园文化氛围会辐射大学生的心理,使他们领悟到什么事情该做、什么事情不该做、事情应该怎么做,从而养成良好的习惯。

从高校向社会辐射的功能。校园文化活动不仅影响大学生个体,而且会通过大学生的日常生活传播到周边地区。随着大学生毕业后走向社会,大学生在校园文化活动中生成的精神品格将在社会大环境中传播,促进社会主义核心价值体系的建设。

校园文化活动能够为大学生成长提供空间。

首先,校园文化活动有利于大学生之间的交流以及和谐同学关系的建立。科技的发展,尤其是互联网技术的发展,方便了人们之间的交往和联系,但是,人与人之间面对面的沟通却变得越来越少,感情交流越来越淡。大学是班级概念比较松散的求学阶段,大学同学之间一般只在上课、参加班级活动时见面,日常的心理、精神压力往往难以得到及时舒缓和调节。校园文化活动可以搭建起大学生相互交流的平台。校园文化活动所营造的紧张、有序、快乐、活泼、民主的氛围,有利于大学生之间的相互沟通、彼此理解,有利于提高他们的幸福感和归属感。

其次,校园文化活动有利于净化大学生的思想,增强他们的体质。网络时代,刷微博、看朋友圈、玩手游等已经成为大学生日常生活中常见的内容,而大学生花在体育锻炼和户外运动上的时间也随之减少。互联网上的不健康信息和消极内容也趁机侵入大学生们的视野,侵蚀他们的心灵,摧毁他们的身体。校园文化和体育活动吸引着大学生广泛参与其中,渗透着大学生的情感、兴趣、力量、毅力、价值观和人生观,传递着大学生的热情、感动、激情、进取精神和拼搏精神,能激发出大学生热爱生命、珍惜生命、注重体育锻炼的热情。

最后,校园文化活动有利于大学生意志的磨砺和道德素质的培养。大学生只有意志坚强,坚韧不拔,才能走向成功;只有品格高尚,才能正确对待得失。许多校园文化和体育活动以竞赛的形式出现,具有竞争性、运动性、对抗性、挑战性等特点。大学生在参与这些活动的过程中,必须正确面对磨砺与竞争,正确处理同参与活动的其他大学生的关系,科学协调自我与外部环境的关系。如何面对竞争的结果,如何应对过程中的困难,是否坚持到底,如何面对突然的失败,等等,都反映大学生的价值观,也塑造大学生的价值观。

当前,大多数高校重视校园文化活动的引领,校园文化活动立德树人效果显著。但也有的高校存在着校园文化活动内涵不足、体制机制不健全、价值观念引领不到位等问题,应当引起关注。

首先,内涵不足。有的高校学生社团活动质量不高,思想性不强;学生课外活动单调,许多学生的文化生活局限于电脑游戏、网络社交等,高雅的文化活动少之又少;娱乐性内容多,启发性内容少,科学文化体育活动和学术活动尚未真正成为校园文化活动的主体;有的社团活动仅限于学生管理和思想教育层次,并不是在立德树人的总体定位和培养目标的背景下运行和实施的。

其次,缺乏健全的体制机制。有的高校校园文化活动形式陈旧,缺乏创新;有的高校校园文化活动要么偏娱乐性,要么偏重政治性,忽视了两者的结合;有的大学生社团偏重接纳外部世界,忽视了内部管理;有的高校校园文化活动主体是大学生,校内其他主体参与不足;有的大学生在校园文化活动中不能充分发挥自己的主动性、积极性和创造性。

再次,价值导向不明。有的高校校园文化活动具有明显的自发性和盲目性,未将社会主义核心价值观融入其中。受市场经济负面因素的影响,一些学生在活动中自私自利、见利忘义,集体精神欠缺,心理承受力不足,脱离了市场经济倡导的健康的竞争机制。

(二)在校园文化活动中推进大学生价值观教育

面对校园文化活动中存在的问题,高校应当从立德树人的高度加强顶层设计,建构大学生价值观教育的校园文化活动载体。

首先,高校思想政治工作者不仅要有政治意识,还要有教育敏感性,积极引导校园文化活动的发展方向,不断创新文体活动的表现形式,始终掌握主动权。在高校人才培养中,要高度重视校园文化活动的"化育"与"滋养"作用,将校园文化活动建设作为学校立德树人的重要内容纳入学校发展总体规划。学校领导和全体教职工只有充分认识到自己在校园文化活动中的责任,才能从整体上解决校园文化活动现存的问题和困难。

其次,要着眼网络时代的特点,健全校园文化活动管理体系。要深入分析网络对校园文化活动的影响,正确应对网络对校园文化活动的冲击,充分发挥网络在校园文化活动中的正面作用,积极培育健康向上的校园网络文化环境。

再次,要积极培养校园精神。在大学生价值观形成过程中,校园精神的影响是潜移默化的。高校要推动校园精神融入校园文化活动,提升大学品位,树立大学形象,增强大学生对学校的文化认同感。要结合传统节日、重大活动、开学典礼、毕业典礼等活动,利用校报、校刊、学校广播电视、学校出版社等多种载体,培育和弘扬大学校园精神。

最后,要通过文化移植传承校园文化。校园文化移植的方式可分为直接移植和间接移植,内容可分为具体移植和抽象移植。高校建设新校区后,既要推动校园文化的直接移植、具体移植,也要善用间接移植、抽象移植,将学校的精神与文化传承到新校区。

以校园文化活动为载体推进大学生价值观教育,在校园文化的具体组织过程中,还要把握四点。

首先,贴近大学生的日常生活。校园文化活动的优势在于贴近大学生,只有扎根大学生日常生活,才能提高大学生的参与度。开展校园文化活动时,要深入把握大学生的日常生活状态,研究大学生的日常生活特点,最大限度地把社会主义核心价值观的内容融入校园文化活动,使大学生在校园文化活动中磨炼意志、锤炼思想,认知、认同与践行社会主义核心价值观。

其次,贴近大学生的思想心理。大学生是校园文化活动创新的主体,要引导大学生转变思想观念,增强主体意识,提高主动性,增强创造性,开展适合大学生年龄特点、专业特点和性别特点的校园文化活动;要面向社会深入开展各类实践性文化活动,促进大学生全面发展;要尊重大学生在文化活动中的主体性,发挥大学生在文化活动中的主动性,通过文化活动提高大学生的创新能力;要提倡民主观念,保障大学生在组织文化活动、开展文化活动和选择校园文化活动中的主体权利。

再次,要善于创新。要善于发现科技创新、艺术创新带来的机会,创新校园文化活动的内容和形式。如某电视节目中的"撕名牌"活动就引起了大学生的热情关注。高校也可以借鉴这些新的表现形式,在校园里开展现实版的"撕名牌"活动。参与者在这些活动中可以锻炼体力、磨炼意志,可以养成竞争意识和拼搏精神,有时还会出现积极的心理、情绪变化。

最后,要规范有序。校园文化活动是广泛参与的集体活动,其有序进行除了需要参与者的积极配合外,还需要规则、秩序的约束。高校思想政治工作者组织校园文化活动,必须遵循公开、公平、公正、廉洁的原则,不得徇私舞弊,不得将利益交换带入其中。这样才能调动和保护大学生参加活动的积极性,满足大学生参加活动的精神需要,才能实现以校园文化活动为载体提升大学生价值观教育实效的目的。

二、社会实践活动与大学生价值观教育

教育部等八部门发布的《关于加快构建高校思想政治工作体系的意见》(教思政〔2020〕1号)强调,要把思想政治教育融入社会实践、实习实训等活动中,创办形式多样的"行走课堂";要深入开展"青年红色筑梦之旅""'小我融入大我,青春献给祖国'主题社会实践"等活动;推动构建政府、社会、学校协同联动的"实践育人共同体",挖掘和编制"资源图谱",加强劳动教育。[1] 真知来自实践,才能来自实践,真情来自实践。参加为人民服务的社会实践活动是青年学生成长的正确途径。在新时代,大学生价值观教育要改变传统的以校内教育教学为主的工作模式,面向广阔的社会空间,引导大学生通过社会实践了解国情、了解社情民意,通过与群众共同劳动、共同奋斗,锻炼品质、磨砺意志,形成创新精神,提高综合素质。

(一)大学生价值观教育视域中的社会实践活动

在大学生价值观教育视域中,社会实践活动具有突出的价值导向功能。

首先,社会实践活动有助于大学生思想道德素养的提高。大学生思想道德素养的形成,需要各种社会因素共同作用,需要经历从内化到外化再到内化的反复实践。社会实践可以协调大学生的认知冲突,在大学生的需求、动机和行为之间架起桥梁,将道德规范内化为大学生的个体意识,将大学生的个体意识外化为其行为习惯和思想道德,从而形成正确的价值取向、崇高

---

[1] 中华人民共和国教育部.教育部等八部门关于加快构建高校思想政治工作体系的意见[EB/OL].(2020-05-12)[2022-02-11]. http://www.moe.gov.cn/srcsite/A12/moe_1407/s253/202005/t20200511_452697.html.

的奋斗目标、良好的思想道德修养。

其次,大学生在社会实践活动中能够提高社会责任意识。社会实践增加了大学生深入生产生活一线、了解社情民意的机会。在社会实践中,大学生不仅可以增加知识,提高为社会服务的能力,而且可以深化对社会、民生的认识,对党的路线方针政策的了解和领悟,进一步增强自己的社会责任感和历史使命感。这样,就能够引导大学生把自己的未来与国家富强、人民幸福、民族复兴结合起来,把远大理想融入国家和民族发展,珍惜时光,努力学习,提高素质,在思想上、知识上、能力上做好为祖国服务的准备。

再次,社会实践活动有助于大学生树立艰苦奋斗精神。社会实践帮助大学生体验创业的艰辛、竞争的残酷和人生的真谛,树立艰苦奋斗的观念,养成吃苦耐劳、勤俭节约的朴素作风,使其更加珍惜劳动成果。通过社会实践活动,大学生能够切身体验欣欣向荣的社会风貌,看到党和国家繁重的建设任务,找到"祖国与人民需要我"的归属感,树立为建设中国特色社会主义、为实现人民美好生活而奉献青春的崇高理想。同时,大学生也能通过社会实践活动认识自己的不足,找到社会发展、国家需要、人民需求与个人成长的结合点,把个人成长融入中国特色社会主义建设,把爱党、爱国、爱社会、爱他人、爱自己有机地结合起来,培育个人的爱国情怀、报国志向和强国之心。

社会实践除了具有上述三种价值导向功能外,还具有拓展素质、锤炼心理、强化激励、提高工作效率等思想政治教育功能,这些功能的发挥,有利于增强大学生价值观教育的实效性,进一步完善高校德育机制。

通过社会实践活动对大学生进行价值观教育,符合人的价值观念形成和发展的内在规律。

首先,社会实践可以锻炼大学生的思维方式。大学生需要掌握先进的文化知识和科学技术,更需要掌握马克思主义的辩证思维方式。大学生通过社会实践,可以亲身体验问题的内在本质和表面现象之间的异同,问题的实际状态和预期状态之间的异同,以及事实与传言的异同,从而通过复杂的表面现象看到事物的本质,在事物的曲折发展中把握主流方向。

其次,社会实践可以培养大学生的情感。投身社会实践的人普遍具有良好的思想道德素质和强烈的社会责任感。他们关心国家的前途和民族的命运,热衷于解决社会问题。大学生在社会实践中能够深刻感受到党和人民对优秀人才的需求,产生服务社会的使命感和责任感,并会努力按照这种要求进行自我反思、自我教育和自我完善,把自己塑造成具有优秀思想道德素质和较高社会价值的人才,进而会影响和带动周围的人共同进步。

最后,大学生通过社会实践可以深切感受到社会主义核心价值观的科学性和崇高性。实践是检验价值观科学性的唯一标准。大学生一般经过长期的价值观教育,熟悉了社会主义核心价值观的内容,但践行程度有差异。大学生通过社会实践活动,会加深对社会主义核心价值观的认识,进一步完善自己的价值观,更好地践行社会主义核心价值观。

新中国高等教育很早就提出"教育与劳动相结合的原则",重视在实践中立德树人。20世纪90年代以来,我国高校在组织开展大学生社会实践活动的过程中取得了丰硕成果,但也产生了一些问题。

首先,重视程度不够。一是社会各界尚未充分重视大学生社会实践活动。大学生是未来的社会成员,他们在校学习期间就需要社会各界提供实践的舞台。然而,一些单位往往把接受大学生社会实践作为负担,不积极为大学生提供便利。二是高校尚未充分重视社会实践。有的高校没有认真指导大学生社会实践活动,有的高校甚至很少组织大学生参加社会实践活动,或只选择个别学生参加社会实践活动。三是大学生尚未充分重视社会实践。一些大学生不喜欢参与社会实践活动,即使参与也是被动参与。甚至有一些学生认为社会实践会挤占他们的理论学习时间,不利于他们完成理论学习任务。

其次,运行机制不完善。有些高校缺乏对大学生社会实践活动的协调和指导,团委、学生处、院系等多头管理、相互掣肘,组织形式僵化。一些高校指导、监督和评价大学生社会实践活动的机制不完善,辅导员往往无法跟踪、指导和监督大学生的社会实践活动。一些高校没有设立专项资金,社会实践的部分甚至全部费用由参与学生承担,极大地降低了学生的积极性和主动性。

再次,缺乏科学规划。目前,一些高校没有根据大学生的专业特点、接受程度和各阶段的学习特点来部署社会实践活动,缺乏对社会实践活动的系统规划和统筹规划,不同阶段社会实践活动的层次不清、不同专业社会实践活动的重点不明。一些高校没有积极、主动地组织、策划社会实践活动,只是将其作为上级交办的任务,工作流于形式;一些大学生把社会实践活动作为学校安排的额外任务,敷衍塞责;一些企事业单位认为大学生的社会实践活动麻烦,不认真指导。这些现象显示,有的大学生社会实践活动背离了初衷,陷入了形式主义。

最后,建设力度不够。在社会实践基地建设上,一些高校只追求数量,不重视内涵建设,社会实践基地在道德建设和育人方面的作用难以充分发挥。大学生联系社会实践单位时,有的依靠父母和朋友介绍,有的仅凭自己四处寻找。这些问题在一定程度上影响了大学生参加社会实践活动的积极性。

(二)在社会实践活动中推进大学生价值观教育

在新的时代背景下,有的传统实践培养模式,已经不适应大学生的发展。在坚持优良传统的同时,创新大学生社会实践的内容与形式是时代的要求。

首先,我们必须加强对大学生社会实践活动的支持。高校要充分认识到,社会实践是高校立德树人的重要途径,必须加强领导、认真组织。大学生应充分认识社会实践对自身发展的意义,积极参与社会实践。社会各界要转变观念,提高对社会实践的认识,积极支持社会实践。各级政府应制定政策和措施,为大学生的社会实践提供条件和便利。

其次,要建立社会实践的长效机制。一是学校应该加强对社会实践的顶层设计与宏观管理,组织所有学生而不是少数学生开展社会实践,使全体在校学生通过社会实践得到普遍锻炼。二是制定相应的激励机制,建立社会实践活动的激励模式。要尊重大学生自我成长、自我发展、自我表达的需求,激励大学生积极参与社会实践活动,扩大大学生社会实践活动的范围,同时要充分调动教师和管理者的积极性,激励全体教师和管理者大力支持社会实践活动。三是建立资金保障机制。国家要加大对社会实践的财政支持力度,安排专项资金,建立大学生社会实践基金。高校还应根据自身实际情况设立专项资金,利用自身优势积极吸收社会资金,对大学生的社会实践活动给予财政支持。

再次,结合专业培养目标建立相应的社会实践模式。以专业培养目标为引领,对社会实践活动进行分类指导。通过社会实践充分发挥大学生专业优势、巩固大学生的专业知识,并根据大学生在社会实践中的反馈信息,对专业课程结构进行调整、优化。

最后,按照产学研相结合的思维建设社会实践基地,促进教学、科研、生产建设的深度融合。这样的社会实践模式,不仅有利于增强高校教育教学的针对性、提高大学生价值观教育的有效性,也有利于大学生掌握实际应用技能、促进未来就业,还有利于增强企业的技术创新能力、培育新的经济增长点。

总之,社会实践在促进大学生了解国情、认识社会、增长才智、磨砺意志、陶冶情操、增强社会责任感、贡献社会等方面,发挥着不可替代的作用。高校要精心规划和组织大学生的社会实践活动,把专项实践活动与广泛的社会实践活动结合起来,把一般的社会实践活动与集中的寒暑假社会实践活动结合起来,把学术科研活动与大学生社会实践活动结合起来,不断增强社会实践的融合度、扩大社会实践的覆盖面、提高社会实践的实效性。

由于社会实践活动内容广泛、地点分散,要统筹好事前、事中与事后相关工作。事前准备是整个社会实践活动顺利开展的基础,关系到能否收到预期的成果。社会实践活动的筹备工作主要涉及选择合适的主题、明确预期成果、制订活动计划、梳理活动流程、提出主要方法、进行活动分工、筹集必要的经费等。根据价值观教育的要求,活动组织者应审慎确定社会实践活动的主题,将一定的价值观教育内容融入其中。社会实践活动过程的质量直接关系到目标能否实现。社会实践活动的组织者应加强过程指导,启发大学生解决问题的思路,为大学生提供必要的服务,帮助大学生正确使用社会调研方法,要求大学生实事求是地收集第一手信息。指导教师还要全程跟踪社会实践活动,监督社会实践活动计划的实施,做好社会实践活动原始记录,总结社会实践活动经验教训,为后来者提供参考资料。社会实践活动最后的工作是撰写实践报告,具体包括数据分析、活动总结等内容。指导教师要引导学生按照分工,科学分析社会实践数据,从中发现问题,并探索解决问题的方法、思路和对策。最后,还要做好社会实践活动的评价工作,对优秀的团队给予物质或精神奖励。

三、志愿服务活动与大学生价值观教育

志愿服务活动是指以个人自愿为基础,向社会特定对象提供精神、物质、信息、人力或其他帮助的公益活动,属于慈善活动的范畴。教育部等八部门发布的《关于加快构建高校思想政治工作体系的意见》(教思政〔2020〕1号)强调,要把思想政治教育融入志愿服务等活动中,健全志愿服务体系。[①] 志愿服务活动在高校落实立德树人根本任务中具有重要的价值和意义。高校要从立德树人的高度提高志愿服务水平,丰富志愿服务内容,引导大学生在志愿服务活动中践行社会主义核心价值观。

(一)大学生价值观教育视域中的志愿服务活动

志愿服务精神与社会主义核心价值观倡导的"奉献"精神高度一致,是培育"文明"社会、"和谐"社会的基础性价值理念。参加志愿服务活动是落实社会主义核心价值观所倡导的价值理念的需要,通过志愿服务活动培育大学生价值观具有重要意义。

首先,大学生在志愿服务活动中可以培养公民意识。每个人在社会中都有不同的角色。在传统社会,人们的社会角色深受家庭、家族、部落、血缘等因素的制约,或者说客观上由这些因素所规定。在现代社会,自由、民主、平等的观念深深扎根于人们头脑中,人们的社会角色也由此发生变化,其中最重要的是"公民"身份的唤醒。在志愿服务活动中,大学生通过帮助和服务他人,既能感受到他人和社会对自己的需求,也能感受到自己对他人和社会存在的价值。

其次,大学生参加志愿服务活动有利于促进社会融合。社会融合是"和谐社会"理念的体现。大学生开展志愿服务活动,多数情况下,事先并不熟

---

① 中华人民共和国教育部.教育部等八部门关于加快构建高校思想政治工作体系的意见[EB/OL].(2020-05-12)[2022-02-11].http://www.moe.gov.cn/srcsite/A12/moe_1407/s253/202005/t20200511_452697.html.

悉服务对象,也与个人血缘、私人感情无关。这种跨血缘、跨情感、跨地域的志愿服务活动更多地体现了公民的相互帮助、和谐相处与友好交流。大学生付出劳动、时间、物质、财力帮助他人和社会,这种志愿性付出有利于不同群体、地区和文化之间开展交流,能够促进社会融合。在国际志愿服务活动中,大学生还可以与其他国家和地区的志愿者相互学习、相互借鉴,交流各国、各民族的优秀文化,增进不同国家和地区之间的了解,为世界各国、各民族文化的融合做出贡献。

再次,大学生在志愿服务活动中能够自觉践行社会主义核心价值观。大学生在志愿服务活动中关心、理解和服务他人,这会激发他们的爱心、同情心、责任心和宽容心,培养他们尊重人、关怀人的情怀。大学生在志愿服务活动中与服务对象沟通、交流、交往,这会培养他们相互帮助、相互理解、相互合作、相互关心等道德品质,使他们养成为他人着想、从他人角度思考问题的习惯。越是广泛、深入地参加志愿服务活动,大学生就越能自觉践行社会主义核心价值观。

近年来,在高校共青团组织引导下,越来越多的大学生积极参加志愿服务活动,开阔了视野,锻炼了能力,奉献了自我,提升了社会道德风尚,净化了社会风气,传递了社会正能量,获得了来自社会多方的支持和称赞。然而,由于我国高校开展志愿服务活动的历史较短,大多数高校还没有健全大学生志愿服务的管理体制与运行机制,一些高校在组织开展大学生志愿服务活动的过程中,也暴露出许多问题。

首先,在一些高校,大学生参与志愿服务活动的热情不是很高。大一新生刚进入校园时,参加志愿服务活动的积极性一般都比较高,也乐于加入青年志愿者协会。但是经过一段时间后,有的同学参加志愿服务活动的积极性减弱、参加频率降低,有的大学生因为志愿服务活动费时费力甚至费钱而有意回避,有的大学生在志愿服务活动中态度消极、缺少耐心,不可持续。

其次,有的大学生志愿服务活动实际效果和社会声誉都很好,有的则不尽如人意。由于志愿服务活动在我国起步较晚,有些高校尚未建立完善的志愿服务培训体系。有的大学生没有经过专业、规范的培训,不熟悉志愿服务工作岗位所必备的专业知识与技能,以致大学生的志愿服务活动存在着质量参差不齐的现象。

再次,有的大学生尚未形成对志愿服务活动及其育人功能的正确认识。有的大学生认为参加志愿服务只是单方面的付出,认为志愿服务仅仅是提供免费劳动力,没有看到志愿服务对自我、对服务对象、对社会的多元价值。

(二)在志愿服务活动中推进大学生价值观教育

面对这些问题,高校应与社会合作,构建志愿服务新体系,让大学生志愿服务活动在价值观教育中发挥其特殊作用。

首先,国家要完善志愿服务活动保障政策。我国大学生志愿服务西部计划选拔标准中规定,有志愿服务经历和志愿服务精神者优先,这样的政策导向就有利于激励大学生在校期间积极参加志愿服务活动。高校要结合人才培养目标与学科专业建设,建立大学生志愿服务活动基地,打造大学生志愿服务活动品牌。要将志愿服务"'品牌化、长期化、基地化',确保大学生思想政治教育新活动载体的健康发展"①。

其次,高校相关部门要积极加强大学生志愿服务组织建设。一是要完善相应的规章制度。"志愿服务组织自身建设是最基础的,志愿者组织要向社会提供优质高效的志愿服务,必须首先将自身建设成一个良性循环的组织,这样才可以安心和全力地服务社会。"②这就需要不断完善志愿服务前期、中期和后期的各项规章制度。要建立奖惩制度,从精神上、物质上奖励那些积极参与志愿服务活动的大学生。对于一些"浑水摸鱼"、完成志愿服务工作不认真的大学生,则要适当惩罚。二是要提供培训机会,满足志愿者技能培训的需要。虽然志愿服务活动是自愿、无偿性的公益活动,但它的影响深远,涉及我们生活的各个方面,对我国的发展有重要的推动作用,因此对志愿者的专业培训必不可少。完成志愿者招募工作后,组织机构要通过培训,使志愿者具备基本的专业知识,以便及时、有效地开展志愿服务活动。

再次,要引导大学生从情感与理性上树立志愿服务理念。志愿服务倡导帮助他人、服务他人、与人为善,与中华传统美德内在统一,是新时代的

---

① 祝国群.依托青年志愿者工作创新大学生思想政治教育载体[J].黑龙江高校研究,2006(12):101.

② 梁春艳.我国大学生志愿服务机制研究[D].哈尔滨:哈尔滨师范大学,2011:24.

"雷锋精神"。高校必须通过各种教育教学活动大力弘扬志愿服务精神,引领新时代大学生积极传播和践行志愿服务精神。

最后,完善志愿服务信息的供给渠道。纵向上要建立志愿服务官网、官方微博、微信公众号等,及时推送志愿者招募信息,让大学生能够有固定的渠道了解信息,选择适合自己的志愿服务活动。

除了要争取国家完善志愿服务活动保障政策、完善大学生志愿服务组织建设、引领大学生认同志愿服务理念、完善志愿服务信息供给渠道外,高校在组织开展大学生志愿服务活动时还要注意三点。

一是要大力创新大学生志愿服务活动的主题,积极拓宽大学生志愿服务活动领域,努力增强志愿服务活动对大学生的吸引力。高校可以设置"大学生志愿服务文化节",通过定期组织"大学生志愿服务文化节",在大学校园内广泛传播志愿服务精神,在大学生中深入弘扬志愿服务精神。

二是引导大学生真情投入志愿服务活动。大学生参加志愿服务活动需要付出时间、精力甚至物力、财力,而不谋求任何回报。是什么支撑着他们参加这样的活动呢?那就是志愿服务精神。志愿服务精神是蕴含着真情与大爱的崇高价值观,是对"奉献"精神的生动诠释,志愿服务活动能够顺利开展,就是靠这种精神。

三是要及时纠偏。受功利主义影响,有的大学生在志愿服务活动中敷衍了事、走过场。这种态度有悖志愿服务精神,也谈不上有什么教育意义。组织者要及时发现、纠正这样的不良风气,保证志愿服务活动顺利进行,使志愿服务活动成为大学生价值观教育的有效载体。

第三章 大学生价值观教育的文化载体

以优秀的文化"化育"青年学生,是大学生价值观教育的重要路径,优秀的校园文化是大学生价值观教育的重要载体。新时代是全球化与信息化叠加的时代,便捷的信息交流促进了国内外各种文化的激荡与交融,一方面使大学生的视野更为宽广,为大学生价值观教育提供了更丰富的资源;另一方面也增加了大学生对海量信息与文化进行辨析的困难,使大学生价值观教育面临着新挑战。在海量信息与多元文化背景下,高校思想政治工作必须直面这样一些新课题:如何以中华民族千百年来形成的博大精深的优秀传统文化滋养大学生价值观,如何以中国共产党领导革命过程中塑造的革命文化培育大学生价值观,如何以中国共产党领导社会主义建设和改革开放过程中形成的社会主义先进文化引领大学生。

一、文化载体对价值观的影响

文化环境深刻影响着大学生价值观的发展变化。引领大学生认同与践行社会主义核心价值观,需要深刻认识文化载体的内涵与特点,深入把握文化载体对大学生价值观发展变化影响的广度与深度,高度重视高校内外文化载体的建设,夯实大学生价值观生成的文化基础。

(一)文化与价值观的辩证关系

文化是一个人们普遍熟悉又很难说得清楚的概念。广义上的文化是指人类创造的一切物质财富和精神财富的总和;而狭义上的文化则主要指人类社会所创造的精神财富,包括理想信念、文化认知、文化观念、文化理论及思想文化体系等。人类社会是文化的源泉,也是文化的服务对象,人类创造了文化并一直生活在其中。人类的进步推动了文化的发展,又在文化的影响下形成了不同的生活方式、思维方式、价值判断和价值选择。社会的文化基础深刻反映人类的发展状况,同时也对人类社会自身的发展产生深远的影响。文化与人类社会的密切关系,提醒我们做任何事情都不能忽略人们思想观念发展变化的文化载体。

文化的表现形式是丰富多彩的,文化的内涵是极其丰富的。由于在社会中发挥着不同的功能与作用,有些文化被认为是主流文化,有的文化则被认为是非主流文化。其中,主流文化就是在一定社会、一定时期,能够对其他文化起到引领作用,对人们的思想观念产生主要影响的文化。主流文化之所以成为主流,就是因为它具有很强的导向性。主流文化承载着社会核心价值观,是人们价值选择的"指路明灯",能够引领人们在多元文化中选择代表社会前进方向的价值观。非主流文化与主流文化相比较而存在,在社会生活中处于相对次要地位。非主流文化也有正反两面,需要在辩证分析的基础上区别对待。

(二)文化在价值观生成中的基础性意义

在大学生不断修正其过往所形成的价值观并使之趋于稳定的过程中,其所处环境中的各种文化载体具有基础性意义。当代大学生处在开放时代的复杂文化氛围中,他们的价值选择与文化环境有着密切的联系。如果说在哲学意义上,经济基础"归根结底决定"着社会核心价值观的性质,那么,在现实生活中,建立起一定经济基础之上的社会文化环境,则会"直接地决定"大学生的价值观认同与价值选择。

当代大学生在文化的滋养下一路走来,到大学时代更是每天生活在高校浓厚的文化氛围中,无时无刻不受到校内外文化环境的深刻影响。大学生面对各种文化时,一般会利用已经具有的知识与价值观,对环境提供的各种信息进行筛选、消化与整合,形成符合自身价值标准的思维方式和行为方式。此时,"文化"是衡量大学生价值选择的尺度。但由于特定年龄段思想与心理上的开放性、发展性等特点,同时又由于缺乏实践,大学生也容易被各种文化所影响。对某种文化思想上认同,便会形成与之相应的价值观,这正是文化对大学生价值观生成的基础性意义。

21世纪是高度信息化的时代。互联网的普及使文化传播不断呈现出新特点。任何人只要能够操作电脑,都可以在互联网上表达自己的观点、理论和思想。通过方便快捷的互联网,各种文化思潮对大学生价值观影响的深度与广度都可能放大。这警示我们,在互联网普及的信息时代,更要积极培育健康向上的文化环境,帮助大学生对各种文化思潮进行甄别,以社会主义先进文化引领当代大学生认同与践行社会主义核心价值观。

现代社会的主要趋势是多元化,其主要表现形式之一是文化的多元化。在多元文化的影响下,当代大学生进行价值选择时,常常会陷入"不识庐山真面目,只缘身在此山中"的误区。这时,只有进行正确的引导,才有可能使他们走出误区,重新做出正确的价值选择。由此可见,越是在文化多元化时代,越需要加强大学生价值观教育,越需要营造积极向上的文化氛围,以社会主义核心价值观引领与培育当代大学生。

二、大学生价值观教育视域中的文化载体

在多元文化并存的开放时代,当代大学生的价值观深受国内外各种文化思潮的复杂影响。当前,对当代大学生价值观产生重要影响的文化载体主要有中国特色社会主义先进文化、中国优秀传统文化、当代西方文化思潮和当代中国流行文化。这些文化形态影响各异,需要辩证看待。

(一)大学生价值观教育视域中的中国特色社会主义先进文化

我国的基本国情和社会性质决定了,影响当代大学生价值观念生成与发展的最主要的文化,必然是中国特色社会主义先进文化。作为当代中国主流文化的中国特色社会主义先进文化,是马克思主义与中国文化的融合与创新,是中华优秀传统文化的传承与发展,具有真理性、科学性、先进性、传承性等特点,具有整合社会不同文化理念、形成社会共识的功能,是引领当代中国社会发展最重要的文化。当前,受益于中国特色社会主义先进文化潜移默化的影响,广大人民群众普遍接受中国共产党的领导、认同中国特色社会主义制度、支持中国特色社会主义建设,这是当代中国取得举世瞩目的伟大成就的重要原因之一。

中国特色社会主义先进文化构成当代中国培育和践行社会主义核心价值观最重要的文化基础,当代大学生价值观教育离不开中国特色社会主义先进文化的引领。中国特色社会主义先进文化可以引导当代大学生在纷繁复杂的文化环境中做出正确的价值选择,对不同的文化思潮进行理性辨析,

自觉抵制不良观念的侵蚀。中国特色社会主义先进文化的作用能否得到较好的发挥,将决定当代大学生能否树立与践行正确的价值观。

文化传承是当代大学应有的职能。作为承担培养中国特色社会主义事业合格建设者和接班人使命的当代中国大学,首先要以马克思主义为指导,传承中国特色社会主义先进文化,以此化育当代大学生。高校必须深刻认识以中国特色社会主义先进文化育人的重要意义和中国特色社会主义先进文化缺失的严重后果,加强党在高校的政治领导、组织领导、思想领导和文化领导,加强教师队伍思想政治建设,针对大学生价值观教育中出现的问题,着力培育健康向上的文化载体,促进立德树人、以文化人工作。

(二)大学生价值观教育视域中的中华优秀传统文化

中华优秀传统文化内涵丰富、多姿多彩,是中国人价值观生成的天然沃土。在中华民族悠久的历史长河中,历代先贤深思人生、社会、自然及彼此关系,培育了中华优秀传统文化,凝练了中华传统社会核心价值观,深刻影响了中国人的价值观念。作为中华优秀传统文化的精神内核,中华传统社会核心价值观富有鲜明的家国情怀,不仅是历朝历代统治者治国理政的根本遵循,也是普通百姓治家传家的价值观念。正是因为有中华优秀传统文化的滋养和中华优秀传统社会核心价值观的引领,才有了中华民族的生生不息、发展进步,催生了中国历史上的几次"盛世"。

中华优秀传统文化是各种思想文化的百花园,其中儒家思想经过历史的激荡与沉淀,在中国进入封建社会后就成为社会主流文化。儒家的"仁"与"义"为封建王朝的政治与思想指明了方向,使诸多王朝能够建立并长期存在。而包括儒家思想在内的中华传统文化所崇尚的"仁义礼智信""中庸""和谐""天人合一""大同世界"等思想观念,不仅在封建时代具有强大的价值引领、思想凝聚功能,而且也深刻反映了人类社会穿越时空的普遍价值追求,在当今世界仍然具有普遍的价值引领意义。

中华民族文化心理图式的主体框架是中华优秀传统文化,这也构成了社会主义核心价值观的民族文化根基。社会主义核心价值观是马克思主义价值观中国化、时代化的精华,其现实土壤正是传承与发展了中华优秀传统文化的当代中国文化。在大学生价值观教育视域中，就是要找准中华优秀传统文化与社会主义核心价值观的契合点，将契合社会主义核心价值观的中华优秀传统文化理念、精神、故事、价值观融入大学教育教学全过程，滋养大学生心灵，培育社会主义核心价值观。

价值观教育重在"以文化人"，中华优秀传统文化为大学生价值观教育提供了生动丰富、情理交融的民族文化沃土，让大学生价值观有根可找、有源可寻、有榜样示范、有文化滋养。中华优秀传统文化是中华民族集体智慧的沉淀，是中国历代先贤思想观念的结晶，是社会主义核心价值观的文化基因，将契合社会主义核心价值观的中华优秀传统文化融入大学教育教学全过程，能够引领当代大学生在中华优秀传统文化滋养下更好地理解、认同与践行社会主义核心价值观。

事实上，数千年来，中华优秀传统文化早已融入中华民族血脉，深深影响了中国人的价值观念、思维方式和行为习惯。当代大学生也不例外，事实上也从小就受到了中华优秀传统文化的滋养，在面临生活中的实际问题时，总是会不由自主地按照中华优秀传统文化价值观的准则做出选择。比如在马路边看到摔倒的老人，是否应该把老人扶起来？多数大学生不会顾及是否会被"冤枉"或"敲诈"，他们会遵从内心认同的中华传统美德把老人扶起来，这充分体现了中国优秀传统文化的价值导向功能。

（三）大学生价值观教育视域中的当代西方文化

改革开放以来，随着全球化、信息化的浪潮，西方文化思潮涌入中国，冲击和挑战着中国主流意识形态。高校作为立德树人的重要阵地首当其冲，当代大学生价值观教育受到深刻影响。当代大学生在打开视野面向世界的同时，价值观念也不可避免地遭受西方文化思潮的影响。综观各种西方文化思潮，虽然在一定程度上满足了大学生对西方文化的好奇心，扩展了他们的视野，丰富了他们的知识储备，提高了他们对于西方社会的认识，但是由于有些西方文化思潮蕴含着消极的价值观念，也给当代大学生价值观教育带来了负面冲击，主要体现在以下几个方面。

首先，新自由主义对马克思主义意识形态产生了影响。在本质意义上，新自由主义是一套"适应国家垄断资本主义向国际垄断资本主义转变的理论思潮、思想体系和政策主张"①。虽然流派众多、体系庞杂,但它们在否定公有制、否定社会主义、倡导全球资本主义方面是一致的。一方面,它们宣称意识形态已经终结;另一方面,随着"华盛顿共识"的形成,它们又事实上成为西方资本主义国家的主流意识形态,成为这些国家"诱导社会主义国家和平演变的理论武器"和"对发展中国家推行新殖民主义的理论武器"。②新自由主义所谓"意识形态中立"其实是一种欺骗性宣传,巧妙地掩盖了否定马克思主义的实质,在意识形态和文化领域对马克思主义造成了严重威胁。经过精心包装后,新自由主义在中国意识形态领域贻害无穷,在各个学科影响了一批知识分子,对大学生更具有迷惑性。

其次,后现代主义带来了对马克思主义意识形态的解构。从20世纪60年代开始,西方国家出现了一种与现代哲学思潮相悖的社会思潮,即后现代主义。后现代主义不承认有真理,否定进步的价值观,鼓吹怀疑主义、价值相对主义和虚无主义,使人们的价值观趋向相对性和多元性。后现代主义不赞同对政党、学生组织、妇女团体等作"中心"与"边缘"的二元划分,否认在阶级斗争中居于领导核心地位的是政党,这是对马克思主义政党理论的颠覆。后现代主义否认世界具有统一性、完整性和同一性,从根本上否定了历史唯物主义揭示的社会历史发展规律,抽掉了"共产主义必然会代替资本主义"的哲学支柱,削弱了人们的共产主义信仰。后现代主义对现代性理论的排斥会导致对现代性观念的解构。他们不分青红皂白地把科学的马克思主义意识形态与一般的传统意识形态混为一谈,把马克思主义解释为极端理性主义,从而予以否定。后现代主义的这种"客观性",似是而非,很容易迷惑思想尚不成熟的大学生。

再次,消费主义会在一定程度上消解马克思主义意识形态。消费主义是资产阶级意识形态中被包装得看上去"最客观、最中立"的文化思潮,迄今为止在资产阶级意识形态中最具影响力。它倡导"以消费为目的"的生活方

---

① 张才国.新自由主义在中国的影响及其归因分析[J].探索,2006(3):187.
② 王永贵.影响我国主流意识形态建设的西方主要意识形态透视[J].社会科学研究,2007(1):61.

式,强调"地球上已经没有任何一个地方能够逃脱我们的良好生活愿望的魔法"①,因不具有明显的政治主张而使人失去戒心。当消费主义主导人们的日常生活时,不仅会浪费资源、破坏生态环境,还会将其支持者困于拜金主义、享乐主义和极端个人主义的泥潭。如果任凭消费主义泛滥,就会在一定程度上消解马克思主义意识形态,甚至会让一些思想摇摆中的大学生蜕变为"过把瘾就死"的极端消费主义者。

最后,历史虚无主义会扭曲、误导人们对历史问题的看法。历史唯物主义认为,任何社会都是在之前社会发展的基础上、基于生产力发展状况而形成的。毛泽东指出:"今天的中国是历史的中国的一个发展;我们是马克思主义的历史主义者,我们不应当割断历史。从孔夫子到孙中山,我们应当给以总结,承继这一份珍贵的遗产。这对于指导当前的伟大的运动,是有重要的帮助的。"②这段论述是对历史唯物主义的最好的阐释,但历史虚无主义者看不到这一点,往往割裂过去与现在、历史与现实。

历史虚无主义思潮曾在中国盛行,它起源于20世纪30年代的"全盘西化"思潮。这股思潮常常打着"学术研究"的幌子出现,主张"告别革命论",但这种论调本身就是一种政治诉求。历史虚无主义不仅违背了历史研究应坚持的客观全面原则,而且抛弃了"阶级分析法"这种马克思主义的科学方法。历史虚无主义者离开历史事实,主观臆断历史事件;隔断历史与现实的联系,将历史陷入虚无。历史虚无主义思潮的扩展,会搅乱人们对历史本来面目的认识,削弱人们对社会主义主流意识形态的认同,产生严重的社会危害。因此,批判历史虚无主义思潮,加强唯物史观教育,理应成为高校思想政治教育的重中之重。

(四)大学生价值观教育视域中的当代流行文化

流行文化是人们在一定时期内普遍接受并积极追求的一种文化趋势或生活方式。与主流文化相比,流行文化不具有长期的引导性,而是从主流文化中分离出来,在一定时期内为社会大众所接受和追捧的大众文化,具有短

---

① 比尔·麦克基本.自然的终结[M].长春:吉林人民出版社,2000:15.
② 毛泽东.毛泽东选集:第2卷[M].北京:人民出版社,1991:534.

周期性、娱乐性。同时,由于流行文化是从主流文化中分离出来的,所以从流行文化中也可以找到社会价值观的发展走向。

有关调查显示①,在当代大学生看来,能够代表流行文化的依次是流行音乐(59.43%)、流行语言(50.08%)、流行服饰(47.75%)。此外,37.23%的大学生认为微信、微博、博客等新媒体是流行文化的重要载体,其所承载的网络文化是大学生心目中主要的流行文化。与此相对应,当代大学生了解流行文化的途径主要是手机和电脑上网,所占比例分别达到60.6%、23.04%。而传统途径,比如电视广播、报纸、街头广告以及朋友之间的交流等,虽然依旧发挥着传播流行文化的作用,但影响力已经较弱。更深入的调查显示,对大学生影响最大的依次是网络文化(83.81%)、影视文化(44.41%)。尤其是网络文化,包括网络载体传播的各种文化以及人们通过互联网交往时的言行,深刻影响着大学生的思想观念。调查显示,曾经使用网络流行语的大学生有93.16%,受网络流行语影响的同学达66.2%。有些网络流行语渗透着低级趣味,影响消极,需要引起注意。

相关研究显示,当代大学生的消费方式、生活方式和娱乐方式都受到流行文化的广泛影响。以消费观念为例,随着流行文化的传播,多数大学生已经习惯了过生日庆祝的观念与行为,庆祝的方式主要有吃饭、唱歌、去网吧通宵、生日购物等。流行文化的形式与内涵随着时代变化,其蕴含的价值观念,在一定程度上影响了当代大学生的价值选择。这提示高校思想政治工作者要深入把握流行文化对大学生价值观的影响规律,对流行文化进行合理利用,使其成为大学生价值观教育的有效载体。

三、大学生价值观教育文化载体建构的路径

近年来,高校普遍重视文化环境的营造,以培育认同与践行社会主义核心价值观的大学生。经过长期的努力,多数高校取得了明显的成效。然而,也有一些高校文化载体不完善,未能促进大学生价值观教育效果的提升。

---

① 李纪岩.引领与培育:当代大学生核心价值观生成的基础问题研究[M].北京:光明日报出版社,2018:132-137.

在多元文化的冲击下，一些大学生的思想和行为逐渐偏离了社会主义核心价值观的方向。他们有的自私自利、将个人利益置于他人利益和群体利益之上，有的甚至为了自身利益而牺牲他人或群体利益。有的形成了享乐主义价值观，为了感官的快乐放弃了高尚的情操，为了眼前的快乐放弃了理想与追求，为了个人的快乐不顾他人的感受。有的形成了拜金主义的价值观，崇尚金钱万能论，为了获得金钱不择手段，有了金钱为所欲为。有的受历史虚无主义思潮蛊惑，一叶障目，看不见历史的全貌；听信扭曲的历史信息，看不清历史的真实面貌。有的盲目信奉西方的经济制度、政治制度、法治制度等社会制度，向往西方的生活方式。有的虽然在党和国家的教育引导下认同了社会主义核心价值观，但知行不一，日常生活实践中一旦遇到挫折或诱惑，常常会偏离社会主义核心价值观。

有的高校文化载体之所以不完善，有着多方面的原因。从高校管理的角度看，有的高校德育意识不到位，不积极营造立德树人的文化氛围，学校功利主义思想浓厚，一定程度上纵容了部分教师重教学轻德育、重知识传授轻价值观培育的倾向，诱发或者强化了学生不良思想观念。从教师的角度看，一些学科发源于西方，有的教师深受西方学术思想、政治法律经济思想和价值观念影响，自身思想脱离中国的国情，又施教于当代中国大学生，造成了恶劣的影响。在特定学科领域，如政治学、法学、经济学等领域，有的教师不但做不到以社会主义核心价值观教育、引导大学生，甚至反其道而行之，大肆宣扬西方价值观，导致了大学生价值观的混乱。从大学生的角度看，在学校立德树人贯彻不到位、部分教师宣扬西方价值观的背景下，有的大学生受社会上、网络上流传的甚至个别教师在课堂上传播的各种消极现象或文化思潮的影响，世界观、人生观、价值观发生扭曲，背离了社会主义核心价值观的正确方向。这些现象，都从反面体现了高校营造良好的文化氛围，以社会主义核心价值观育人的重要性。

文化环境构成了人们价值观生成的自然土壤。多元文化主义深刻影响着当代大学生价值观的发展和变化。在新时代文化背景下，推进大学生价值观教育工作，需要正视多元文化带来的影响，采取科学的对策。要优化大学生价值观教育的文化路径，弘扬中国特色社会主义先进文化，传承中国优秀传统文化,审慎对待西方文化思潮,合理利用流行文化,引领当代大学生树立与社会主义核心价值观相衔接、与自身成长相适应的价值观。

(一)在大学生价值观教育中弘扬中国特色社会主义先进文化

以马克思主义为指导、社会主义核心价值体系为灵魂的中国特色社会主义先进文化,代表着先进文化的前进方向,是当代中国文化形态的主体,应当成为推进大学生价值观教育的主导性文化。

首先,要毫不动摇地坚持马克思主义的指导地位。马克思主义是党的指导思想,是合乎理论逻辑、历史逻辑并被实践证明了的科学理论,是社会主义核心价值体系的灵魂,是辨识各种社会思潮的世界观和方法论。在文化领域始终坚持以科学的理论武装人,始终坚持马克思主义的指导地位,才能引导当代大学生在各种社会思潮中认清本质、去伪存真。缺少了马克思主义的灵魂,社会文化环境就会变得混乱;缺少了马克思主义的世界观和方法论,大学生面对纷繁芜杂、良莠不齐的社会思潮,就有可能迷失方向。辩证思维是马克思主义最为宝贵的思维品质,在实践中具体体现为与时俱进、因地制宜。与时俱进,要求马克思主义与时代相结合;因地制宜,要求马克思主义与中国实际相结合。中国共产党人既坚持因地制宜,又坚持与时俱进,所以不仅推动了马克思主义中国化,而且不断推动马克思主义时代化,从而实现了马克思主义中国化的三次历史性飞跃,形成了包括毛泽东思想、邓小平理论、"三个代表"重要思想、科学发展观、习近平新时代中国特色社会主义思想在内的中国化、时代化的马克思主义。在新时代的中国,坚持马克思主义在文化领域的指导地位,必然要以习近平新时代中国特色社会主义思想指导文化建设,教育、引导大学生。

其次,统筹推进社会主义核心价值体系建设与社会主义核心价值观培育。建设社会主义核心价值体系能够让人们深刻认识社会主义的本质和灵魂,从而维护国家意识形态安全。在高校推进社会主义核心价值体系建设,要求以马克思主义的立场、观点与方法分析、辨别、引领、矫正多样化的社会思潮中蕴含的多元价值观,在比较中凸显社会主义核心价值观的科学性及其对当代大学生的意义。同时,要以开放的心态对待社会主义核心价值体系建设。中华传统文化中蕴含的伟大民族精神、中国共产党在革命和建设中形成的优良传统、马克思主义在中国创新发展的伟大飞跃、世界文明史上尤其是全球化时代各个民族、各个国家的伟大成就,都对社会主义核心价值体系建设具有重要的参照意义。社会主义核心价值体系的开放性赋予其包容性,决定了它能够引领而不是简单地排斥各种社会思潮。

最后,增强大学生对中国特色社会主义先进文化的自信。中国特色社会主义先进文化的显著特征在于:马克思主义的指导增强了其科学性;社会主义核心价值观的凝练凸显了其灵魂;面向现代化、面向世界、面向未来凸显了其开放性;植根于中华优秀传统文化凸显了其民族性;奠基于中国革命和建设时期、成熟于改革开放时期凸显了其实践性。总而言之,中国特色社会主义先进文化是科学的、开放的、民族的、大众的、实践的、有灵魂的先进文化形态,具有显著的历史进步性。习近平指出:"要弘扬社会主义先进文化,深化文化体制改革,推动社会主义文化大发展大繁荣,增强全民族文化创造活力,推动文化事业全面繁荣、文化产业快速发展,不断丰富人民精神世界、增强人民精神力量,不断增强文化整体实力和竞争力,朝着建设社会主义文化强国的目标不断前进。"①在新的时代背景下,要坚持以习近平新时代中国特色社会主义思想为指导,净化社会文化空间,培育健康文化环境,引导青年学生认同与践行社会主义核心价值观,增强中国特色社会主义先进文化自信。

(二)在大学生价值观教育中传承中华优秀传统文化

几千年来,中华民族世代传承的思想观念、文化理念、伦理道德等积淀为中华优秀传统文化。中华优秀传统文化是中华民族的根脉和灵魂,是中国历史进步的源泉。它不仅孕育了中国传统社会核心价值观,也是新时代的社会主义核心价值观的民族文化之源。将中华优秀传统文化资源融入高校通识课程、思政课程、课程思政、校园文化环境、校园文体活动、社会实践活动与大学生日常思想政治工作,以中华优秀传统文化滋养大学生、熏陶大学生、塑造大学生,将为大学生社会主义核心价值观教育奠定良好的基础。

---

① 新华网.习近平:建设社会主义文化强国　着力提高国家文化软实力[EB/OL].(2013-12-31)[2022-02-11].http://www.xinhuanet.com/politics/2013-12/31/c_118788013.htm.

正如习近平指出:"中华文化延续着我们国家和民族的精神血脉,既需要薪火相传、代代守护,也需要与时俱进、推陈出新。要加强对中华优秀传统文化的挖掘和阐发,使中华民族最基本的文化基因与当代中国文化相适应、与现代社会相协调,把跨越时空、超越国界、富有永恒魅力、具有当代价值的文化精神弘扬起来。要推动中华文明创造性转化、创新性发展,激活其生命力,让中华文化同各国人民创造的多彩文化一道,为人类提供正确精神指引。"[①]对大学生价值观教育而言,如果说马克思主义理论是指导思想,社会主义核心价值观是主体内容,那么,中华优秀传统文化就是"营养液"。加强大学生价值观教育,就要积极探索弘扬中华优秀传统文化的方式与方法,增强中华优秀传统文化在当代大学生中的吸引力和影响力。

传承和弘扬中华优秀传统文化是一项系统工程,需要社会、家庭、学校共同努力。其中,高校是传承和弘扬中华优秀传统文化的主阵地,高校课堂教学是传承和弘扬中华优秀传统文化、培育大学生价值观的主渠道。高校要开设专题性通识课程,系统讲授中华优秀传统文化;要寻找与思政课、专业课的契合点,将中华优秀传统文化融入思政课程、课程思政;要积极利用通识课程、思政课程、课程思政等各类课程的课堂教学,综合运用讲授式的显性教育、渗透式的隐性教育等各类教学方法,引导大学生从情感上高度认同中华优秀传统文化,从理性上深刻理解社会主义先进文化对中华优秀传统文化的传承与超越、社会主义核心价值观对中国传统社会核心价值观的传承与超越,从行动上自觉践行社会主义核心价值观。

校园文体活动是传承和弘扬中华优秀传统文化、培育大学生社会主义核心价值观的重要载体。高校要在校园网、校园电台、校报等校园文化阵地设立专栏,传播中华优秀传统文化、理念、精神;要指导大学生创办传统文化社团、开展传统文化活动,创作、演出承载传统文化元素的乐、舞、剧及文学作品,培养大学生对传统文化的兴趣、深化对传统文化的理解;要通过举办传统文化讲座和学术报告,举行以传统文化为题材的朗诵大赛、歌咏比赛、成语大赛、棋艺大赛、体育比赛等活动,增强中华优秀传统文化在大学校园

---

① 习近平.习近平谈治国理政:第2卷[M].北京:外文出版社,2017:340.

的影响力;要借助大学生喜闻乐见的微信公众号、微博等新媒体平台讲好传统文化故事,培养、提升大学生对传统文化的兴趣。只有植根于中华优秀传统文化的沃土,大学生价值观教育才具有坚实的文化根基,大学生所形成的价值观才能真正具有民族性,才能体现中国特色。

(三)在大学生价值观教育中扬弃当代西方文化

新时代大学生成长在开放年代,其价值观形成过程中,不可避免地受到西方文化思潮及其所蕴含的价值观念的复杂影响。一方面,西方文化让大学生接触到了异于中华传统文化和马克思主义的思维方式,有利于开阔视野、培养创新精神;另一方面,西方文化中的个人主义、利己主义等价值观念也误导了一部分中国大学生,使其价值观念、认知方式和行为方式出现了偏颇。要纠正这些偏颇,就要教育与引导大学生以马克思主义的世界观与方法论辩证扬弃西方文化。新时代大学生需要以开放的胸襟审视当代世界各国的文化与价值观,认清其糟粕,借鉴其长处。

在对待西方文化时,我们原则上应该尊重差异性、包容多样性。每一种社会思潮的出现,总有其特定的历史背景与现实缘由,西方社会思潮所主张的,在其特定的时空背景下,也并非一无是处。比如福利主义、市场经济、生态文明等思想,就有一定的合理性,是可以辩证地学习与借鉴的。以非此即彼的思维,简单地拒绝来自西方的各种社会思潮,"一刀切"地切割其蕴含的所有价值理念,既不符合辩证法,也失去了学习借鉴各种社会思潮蕴藏的积极因素的机会。其结果,表面上看可能是主流意识形态占据了主导地位,但也使主流意识形态陷于僵化、缺乏创新,从而失去对人们的吸引力,弱化了对人们思想意识的影响。因此,对于西方文化中正确的、科学的、契合中国实际情况的内容,要积极地借鉴、吸收,合理地利用;对于其中错误的、荒谬的、背离人类"自由而全面发展"目标的、不适合中国历史与国情的内容,要辨析、批判、剔除,避免被误导。

当代中国大学生价值观的养成必须以中国文化为基础、为中心,对待西方文化不能盲目移植。文化本来就是共同生活在特定区域的特定民族或国家的人们长期实践的产物。诞生在西方社会的文化观念、文化思潮,适合特定的空间、特定的民族、特定的国家,有其进步性,也有其不足,与中华优秀传统文化有本质的不同。我们尊重差异性、包容多样性,学习西方文化中的积极的、进步的因素,但并不是无原则、无限制的,更不能不分青红皂白、拿来主义、盲目套用。对西方文化中的低级的、落后的、糟粕性的东西,我们必须在思维上辩证分析其危害性,在态度上旗帜鲜明地反对与批判。尊重不是无底线地示弱、畏惧,包容不是无原则地包庇、纵容,对于各种反马克思主义的社会思潮,企图颠覆中国共产党的领导和社会主义制度、直接威胁我国意识形态安全的西方文化思潮,必须旗帜鲜明地反对、理直气壮地斗争,绝不能对其荒谬视而不见,任其动摇主流意识形态,贻害青年学生。对于那些不符合我国主流价值观的思想观念,譬如唯利是图、荣辱不分的腐朽思想等,要从根本上进行批判。当然,对错误社会思潮、消极价值观念的批评、批判,一定要以辩论、说理的方式进行,切不可居高临下,简单地依靠行政权力或宣传机器。

(四)在大学生价值观教育中合理运用当代流行文化

流行文化对青年人有着广泛的影响力,是大学生价值观教育不可忽视的重要载体。追逐时尚和潮流是大学生的共同特点,信息化时代各种文化现象层出不穷,且一经出现就会快速扩张,对青年学生形成巨大冲击力。流行文化的这种影响优劣并存,关键看如何趋利避害,怎样将其积极因素用于大学生价值观教育。在科学辨析的基础上,合理利用流行文化中的积极因素,限制、纠正流行文化中的消极因素,以社会主义核心价值观引领流行文化,就能把流行文化拓展为大学生价值观教育的重要渠道。

在高校价值观教育中,要高度重视流行文化正反两方面的影响,引导大学生理性认识流行文化、科学辨析流行文化、正确对待流行文化、积极引领流行文化。流行文化的源头虽然在社会层面,但其影响却深深地波及大学生,因此,如何引导大学生正确对待流行文化,就成了学校价值观教育的重要内容。把流行文化纳入大学生价值观教育的视野,要在创新高校思想政治理论课内容体系的基础上,开设流行文化选修课,引导大学生学会甄别与欣赏流行文化,形成良好的流行文化洞察力。同时,可以把关于流行文化的探讨纳入演讲比赛、座谈会、展览会、辩论赛等校园文化活动,吸引大学生参与,切实发挥流行文化的育人效应。

在文化育人基地的建设与利用过程中,不仅要注重一般意义上的红色文化育人、传统文化育人、区域特色文化育人,还要注重借助流行文化对青少年的吸引力,促进红色文化、传统文化、区域特色文化与流行文化融为一体,发挥多样化的文化形态协同培育大学生价值观的效应。把流行文化的发展纳入区域文化建设的范畴,是发挥流行文化正面引领价值的重要途径,也是提升区域文化影响力的重要手段。一方面,流行文化的区域化发展,可以使流行文化赢得广泛的支持,为流行文化注入创新的动力和活力,彰显流行文化旺盛的生命力;另一方面,区域特色文化搭载流行文化,可以创新区域特色文化的表现形式,提升区域特色文化对青年学生的吸引力,增强区域特色文化的育人效果。不同地区的区域文化各有特色,但大都有鲜明的育人功能。以大学生的视角,将区域特色文化和流行文化相结合,赋予其现代化的内涵,使其融入高校校园文化,将更受大学生欢迎。

近年来,临沂大学把沂蒙红色文化与流行文化相结合,协同临沂市创作了电影《沂蒙六姐妹》、电视剧《沂蒙》、话剧《沂蒙情深》、舞剧《沂蒙印象》和大型民族交响乐《沂蒙畅想》等文艺作品,用流行的、时尚的方法展现沂蒙红色文化,受到大学生的欢迎,收到了较好的教育效果,在校内外产生了积极影响,受到社会各界的广泛关注。高校可以借鉴这一模式,促进区域优秀文化与流行文化的结合,把区域特色文化做成青年学生喜闻乐见的流行文化,增强大学生价值观教育的感染力。

总之,高校应综合考虑流行文化对大学生价值观的影响,充分运用流行文化的表现形式,坚持正确的文化引领,使流行文化符合社会主旋律的发展方向,为大学生价值观教育营造健康向上的文化氛围。

第四章　大学生价值观教育的生活载体

理论形态的价值观经由与个体生活实践的良性互动,逐步内化为个体认同的价值观念,并外化为个体的价值实践,这是价值观生成的内在规律。归根结底,日常生活是大学生践行社会主义核心价值观的主要场域。从这个意义上讲,要把日常生活作为大学生价值观教育的关键载体,通过把社会主义核心价值观融入日常生活实现对大学生价值观念的引导。

一、日常生活对价值观的影响

要真正发挥社会主义核心价值观的引领作用,就必须紧密联系人民群众的日常生活,在"落细""落实"上下功夫。在马克思主义空间理论看来,日常生活不仅是人们的基本生存方式,也是人们价值观孕育、发展、修正、巩固与践行的基本场域。

(一)日常生活与价值观的辩证关系

社会核心价值观往往需要经由人们的日常生活才能转化为个体价值观。日常生活是物质生活与精神生活的综合,包括一切主观见之于客观的社会实践活动。价值观是人们在社会生活中,特别是在精神生活中,以价值认同为核心的思想观念的凝结。人们的社会生活状态归根结底决定着人们的价值观,而人们的价值观又反过来引领人们的日常生活,两者是辩证统一的关系。一方面,价值观从人们的社会生活状态中生成需要经过一定的过程,需要主体在社会生活中的长期实践、深刻体悟;另一方面,人们的价值观生成后又具有相对稳定性,并指引主体按照业已形成的价值准则思考、解决社会生活中遇到的问题。主体按照既有价值准则解决自身面对的各种问题时,若能够达到预期目标,就会强化对既有价值观的信任;反之,遭遇与现实生活的矛盾,解决问题的负价值突出时,对既有价值观的信任就会被消磨殆尽。由此可见,日常生活既是人们价值观生成、修正、巩固的基础场域,又是人们价值观践行并进一步完善的主要空间。

（二）日常生活在价值观生成中的意义

社会主义核心价值观是引领当代中国人现实生活的主导性价值观念。在社会主义初级阶段的当代中国，人们的共同理想是坚定走中国特色社会主义道路，坚定实现中华民族的伟大复兴。在当前及未来很长的历史时期内，需要以社会主义核心价值观凝聚社会共识、激励人们为实现中华民族伟大复兴而奋斗。而由于出生时身体素质等先天禀赋的差异，以及后天成长过程中的生活环境、地理位置、教育程度等因素的不同，现实生活中个体的人生观客观上也会存在差异。尤其是在多样化社会思潮共存的现实社会生活中，人们的价值观念天然地存在多向度发展的可能。在这样的背景下，社会主义核心价值观的引领，有利于人们明辨是非，形成健康、积极、向上的价值观念。

当然，要以社会主义核心价值观引领人们的价值观，从根本上讲，需要把社会主义核心价值观深度融入社会生活、融入人们的日常生活，需要人们在日常生活中深刻感受到社会主义核心价值观的具体展现。当前，中国共产党从经济、政治、文化、社会和生态文明等领域推进"五位一体"建设，并将"创新、协调、绿色、开放、共享"五大发展理念融入其中，这其实就是在社会生活层面夯实社会主义核心价值观的现实基础。中国共产党在帮助人们实现美好生活愿望、引导人们改变生活方式的过程中，必然会促进人们对社会主义核心价值观的认同与践行。

思想观念即价值观的优化，是人们生活方式转变的前提。马克思认为，个体的生活方式是一定历史时空背景下的生活方式，是受一定观念支配的活动方式。价值观可以说是社会生产方式在人们意识中的反映，而价值观一经生成，又反过来影响着主体的日常活动，左右着主体的生活方式。在当代中国，引领、调节人们生活方式的，主要是社会主义核心价值观。如果人们认同了社会主义核心价值观，在日常生活中就会潜意识地以此为参照调适自己的人生追求、人生态度和人生信念。在认同的基础上，人们能够通过个体的实践活动，自觉将社会主义核心价值观所倡导的价值理念转化成科学、文明的生活方式。例如，人们对和谐价值观的认同，特别是对人与自然关系的理性认识,使得人与自然和谐相处、共求发展的理念深入人心,环保、绿色、健康的生活方式成为社会风尚。人们的生活方式由此发生重大变化,参加环保志愿者活动的越来越多,且有越来越年轻化的趋势;垃圾分类、绿色能源、环保出行更是成为人们的生活时尚。

二、大学生价值观教育视域中的生活载体

大学生价值观教育的根本任务是培育具有社会主义核心价值观的大学生。社会主义核心价值观作为价值理念的凝练是超越的、抽象的、普遍的,而大学生的日常生活是现实的、具体的、特殊的。在大学生价值观教育视野中,两者势必要联系在一起,这时,两者的差异性就会凸显出来,并在怎样将社会主义核心价值观转化为大学生日常生活的行为准则上,面临着一系列困境。这些困境,我们应当高度重视,并努力解决。

(一)大学生价值观教育视域中日常生活的现实性

社会主义核心价值观作为一种价值理想,体现着人们对未来美好生活状态的向往和追求,其目标指向具有来源于现实又超越现实的特征。社会主义核心价值观指向未来,能在多大程度上得到实现,关键取决于人民群众的认同与践行。人们所关心的往往与他们自己的利益密切相关。在现实生活中,人们衡量事物的价值,包括衡量理论和意识形态论述的价值,常用的标准就是,对己而言,这一事物(理论、意识形态)是否有用、是否实用、能否解决问题。大学生也不例外,他们在日常生活中遇到困难,寻求解决之策时,社会主义核心价值观能否不断"出场",并时常"在场",帮助大学生做出理性的、有意义的价值选择,实现对大学生的价值引领,就显得特别重要。事实上,当具有超越性的社会主义核心价值观遇上现实性的大学生日常生活,冲突就在所难免。大学生尽管思想活跃,但社会实践经验不足,思维相对简单。受西方个人主义等价值观影响,一些大学生在面对人生问题时,往往简单地"趋利避害",做出"于我有用即可"的选择。但这些看上去现实的、具体的、有利于自身的选择,有时并不符合长远的、全局的、整体的利益,也有悖于社会主义核心价值观。在任何民族、任何国家,大学生这个群体都承载着未来,被寄予厚望,在当代中国更是如此。如何化解社会主义核心价值

观的超越性与大学生日常生活的现实性之间的冲突,是大学生价值观教育不可回避的、亟待解决的课题。

(二)大学生价值观教育视域中日常生活的具体性

社会主义核心价值观是对理论形态的社会主义核心价值体系所内蕴的价值理念的简明概括,集中表达为国家层面的价值追求(富强、民主、文明、和谐)、社会层面的价值追求(自由、平等、公正、法治)和个人层面的价值追求(爱国、敬业、诚信、友善)。与理论化的社会主义核心价值体系相比,概念化的社会主义核心价值观相对简洁,却仍然是抽象的。然而,大学生在日常生活实践中,面对的是一个又一个具体的问题,需要不停地做出判断与选择。这些判断与选择,折射的是大学生日积月累的生活经验。更具体地看,大学生虽然在学习中经常处于理论思考状态,但在日常生活中一般以经验性感知作为认知图式,以模仿类比作为行为图式,以既定规范作为实践准绳,而不愿对抽象的、高度凝练的理论内容进行思考与追问。在日常生活领域,大学生乐于使用的,也是简单、通俗、易懂、易记的"接地气"的生动具体的话语和图式。化解具体的日常生活与抽象的社会主义核心价值观之间的结构性冲突,需要深入把握两者之间的辩证关系,通过把社会主义核心价值观深度融入大学生日常生活,触发大学生的"思"与"行",破解社会主义核心价值观教育所面对的"生活化困境"。

(三)大学生价值观教育视域中日常生活的特殊性

社会主义核心价值观是马克思主义价值观中国化的重要成果,是中国传统社会优秀价值观的传承与发展,既适合中国特色社会主义的现实需要,又具有穿越时空的宽广的适用性。社会主义核心价值观既包含国家、社会层面的价值追求,又包含对每个社会成员的价值引领,辐射社会生活的方方面面,具有理论的普遍性。然而,大学生的日常生活不仅是具体的,而且也是特殊的。每位大学生的日常生活实践都有不同于其他个体的内容,琐碎而具体,平淡而独特。在生活中,每个人的日常语言、生活习惯、遵循的规则等,都与自己具体的生活实践密切相关。每个人都有自己独特的日常生活,其中一些与社会主义核心价值观密切相关;有的虽然联系没那么紧密,或者上升不到社会主义核心价值观的层次,但仍然使个体面临着伦理困境或价值抉择。社会主义核心价值观是全体社会成员应有的价值观念,而每个大学生的日常生活往往是具体而琐碎的。社会主义核心价值观的普遍性与大学生日常生活的特殊性存在冲突,化解大学生社会主义核心价值观教育中的这个现实问题,需要深刻把握两者之间的辩证关系。

三、大学生价值观教育生活载体建构的路径

除了上述矛盾与冲突,在大学生价值观教育实践中,不仅理论化的社会主义核心价值体系、概念化的社会主义核心价值观与大学生的日常生活世界存在一定程度的脱节,高校的教学理念、讲授方法、内容设计等也经常脱离大学生日常生活,以致价值观教育难以达到预期效果。面对大学生价值观教育的日常生活困境,高校需要确立合理的目标,把握正确的原则,运用科学的对策,建构大学生价值观教育的日常生活载体。

(一)大学生价值观教育生活载体建构的目标

大学生价值观教育日常生活载体的建构,需要坚持正确的目标导向。这一目标首先要契合党和国家确立的社会主义核心价值观总目标,引导大学生建设"富强、民主、文明、和谐"的社会主义国家,追求"自由、平等、公平、法治"的社会主义社会,争做"爱国、敬业、诚信、友善"的社会主义公民。在高校立德树人实践中,要通过构建高校思想政治工作体系,优化大学生日常生活载体,使大学生真正理解、相信和需要社会主义核心价值观,使社会主义核心价值观转化为大学生的个人价值观。

首先,让大学生能够真正深刻理解社会主义核心价值观,这是他们在日常生活中自觉实践社会主义核心价值观的前提。深刻理解某种思想观念,才会在日常生活中身体力行。高度凝练的社会主义核心价值观,相较于社会主义核心价值体系,虽然已经不是那么纯粹的抽象理论,但与大学生的日常生活仍然有一定的距离。要想让社会主义核心价值观真正为大学生所理解,需要将社会主义核心价值观嵌入大学生的日常生活认知图式,将抽象的文本语言、概念式表达转换为贴近大学生日常生活、大学生习惯使用、普遍使用的话语体系。实现社会主义核心价值观与大学生日常生活的深度融合,以适合大学生心理特点的话语体系对社会主义核心价值观进行阐释,大

学生才能更深刻地把握社会主义核心价值观的基本内涵。

其次,使大学生真正相信社会主义核心价值观。信任是人的一种高级情感,激发大学生对社会主义核心价值观的信任,关键在于生活实践、生活经验。要从班级管理等日常生活实践做起,强化大学生对社会主义核心价值观的情感认同与理性信任。比如,通过组织推优入党等民主选举活动,让大学生切身体会平等、民主等价值理念,在班级管理与支部活动中增强对国家、社会层面的社会主义核心价值观的信任;通过社会实践活动,让大学生目睹各行各业的人们普遍"爱国""友善""爱岗敬业""诚实守信",增强他们对个体层面的社会主义核心价值观的信任。总之,我们应该密切关注大学生的日常生活,拉近大学生与社会主义核心价值观的感情距离,增强社会主义核心价值观对大学生的情感魅力。

再次,让社会主义核心价值观真正满足大学生的需要。社会主义核心价值观是人民群众价值追求的最根本反映。但是大学生的日常生活又是特殊的、具体的,有其特殊的生活诉求。在大学生价值观教育中,及时回应大学生的合理生活需求,才能激发大学生对社会主义核心价值观的认同。因此,对大学生进行价值观教育,需要及时回应、解决大学生在成长过程中遇到的现实生活问题。关注大学生遇到的问题,不是事无巨细、真假问题一把抓,而是要在深入研究大学生思想特点、成长规律的基础上,分析其日常学习、生活方面的根本诉求,针对大学生关注的热点、难点问题,如公平正义问题、就业创业问题等等,阐释清楚社会主义核心价值观在解决问题中的意义与价值。只有阐释清楚社会主义核心价值观在引领社会进步、解决具体问题、推动个人成长中的重要作用,引起大学生心理共鸣,让大学生感觉真正需要,大学生们才会将其内化于心,外化于行。

(二)大学生价值观教育生活载体建构的原则

建构大学生价值观教育的日常生活载体,要遵循正确的原则。

首先,要把握规律。规律是事物发展变化中内在的而不是表象的、必然的而不是偶然的、本质意义上的而不是现象意义上的联系。规律是客观存在的,又是多层面的。把握了事物的发展规律,也就找到了做好相关工作的钥匙。在大学生的日常生活中融入社会主义核心价值观,也同样需要把握价值观生活化过程中的那些内在的、本质的、必然的联系。比如，教育者的施教规律，大学生作为受教育者的认知规律、接受价值理念的规律，价值观生成的客观规律，等等。研究并把握这些规律，才能找到大学生价值观教育的钥匙，建构大学生价值观教育的日常生活载体。

其次，要以人为本。中国共产党的根本宗旨暨初心与使命是"为人民服务"。在新时代，中国共产党治国理政的核心价值理念是"以人民为中心"，最根本的奋斗目标是"实现人民群众对美好生活的向往"。就高校而言，坚持党的根本宗旨，就是要努力满足大学生对美好生活的向往和追求。因此，建构大学生价值观教育的日常生活载体，必须深入贯彻以人为本的原则，主动与大学生真情沟通，及时回应大学生在日常学习、生活中的合理诉求，做大学生的"知心人""暖心人"，让大学生沐浴在真心关爱的温暖环境中，激发他们对社会主义核心价值观的情感认同。

再次，要回归生活实践。人的思想既不是"与生俱来"的，也不是"闭门造车"而来的，更不是"上帝"或"神仙"植入的，而是在为了满足自身的衣食住行而与客观世界互动的"实践"中产生和发展的。不仅如此，人们的思想是不是科学、是不是合理，也需要回到实践中反复检验才能得出结论。一种思想观念要为人们理解并接受，必须在实践中才能彻底完成。人们只有在实践中检验理论、加深对理论的理解和认同，才会将其纳入个体既有的观念体系。社会主义核心价值观作为社会意识形态，源于中国特色社会主义的伟大实践；作为个人价值选择，则源于人们的日常生活实践。因此，只有坚持实践性原则，回到现实生活实践中，通过长期的实践检验，才能深化大学生对社会主义核心价值观的理解，强化大学生对社会主义核心价值观践行的自觉性、主动性。

最后，要提升实效。价值观教育不是单纯的知识传授，考察大学生价值观教育的成效关键是看大学生的价值观念是否得到了真正提升，看大学生是否内心认同并在日常生活中践行社会主义核心价值观。这就需要积极推进价值观教育与大学生日常生活的深度融合，在回应并解决大学生日常生活难题中实现价值观教育的目标。在这里，解决问题是显性的，价值观教育是隐性的，促进显性教育与隐性教育的融合，大学生价值观教育就能取得事半功倍的效果。当然,还应该通过立体式的、互动性的、多渠道的日常生活,增强大学生价值观教育的有效性。

(三)大学生价值观教育生活载体建构的路径

大学生价值观教育在宏观上是围绕着社会主义核心价值观而展开的,大学生认知与理解社会主义核心价值观的主要途径则是思政课。但是,要真正把社会主义核心价值观"内化"为大学生的信仰,"外化"他们的行为,还需要遵循价值观教育内容"直接现实化"的思维,让大学生的日常生活时时处处洋溢着社会主义核心价值理念。例如,在大学生的日常生活中呈现蕴含民族精神的具体案例,培养大学生理性、平和、稳健、务实的爱国态度;呈现蕴含时代精神的具体案例,培养大学生的改革开放理念和创新创业意识;结合课堂纪律、作息制度、考试纪律等等,把诚信教育内容具体化,培养大学生的诚信道德观;以蕴含友善精神的具体案例,示范、引领大学生在日常生活中相互关爱、彼此分享、积极合作、和谐共处;结合班级、学生会、党支部、团支部、社团组织选举等校园政治生活,把民主教育的内容具体化,培养学生的政治参与意识和民主素养。

新中国成立后,学校价值观教育主要是显性教育。新形势下,社会环境越来越复杂,大学生信息来源越来越多元、思维的独立性越来越突出,因而越来越需要隐性价值观教育。高校开展隐性价值观教育,要注重把价值观教育内容融入大学生日常生活全过程,以优秀的校园文化滋养大学生,以感性的实践活动锻炼大学生,以周到的管理服务温暖大学生,用身边的先进典型激励大学生认同与践行社会主义核心价值观。总之,要坚持在思政课教学中开展显性教育的同时,注重在大学生日常学习、生活、实践以及课程思政中开展隐性教育,渗透社会主义核心价值观的内容,促进社会主义核心价值观在大学生心中的内化和日常生活中的外化。

推进大学生价值观教育生活化,在充分发挥课堂、校园广播电台、宣传橱窗、图书馆、校报等传统载体的育人功能的基础上,要高度重视与大学生日常生活密切相关的各种活动载体和新媒体的开发与运用。要通过专题讲座、演讲比赛、辩论赛、先锋模范报告会、社团活动、微电影等方式,激发大学生的兴趣,让大学生在自然轻松的氛围中接受熏陶。要积极研究QQ、微信、微博等新媒体的信息传播规律及其对大学生思想的影响规律,掌握网络情境下的价值观教育方法,树立互联网时代的"融媒体"观念,通过互联网全景式、多角度呈现社会主义核心价值观,实现对大学生的引领。总之,要通过载体创新,让社会主义核心价值观从理论层面走入大学生的日常生活,让大学生随时随地都能受到社会主义核心价值观的滋养,从而认同并践行社会主义核心价值观。

综上所述,有必要构建大学生价值观教育的日常生活载体,促进大学生对社会主义核心价值观的认同和践行。要用贴近大学生实际生活的接地气的语言、图式表达社会主义核心价值观的内容,将其融入大学生日常生活的方方面面。大学生在日常生活中有哪些合理诉求,就要创造条件积极予以回应。要让大学生在学习与生活中经常性地感受到社会主义核心价值观的"存在感",体验到社会主义核心价值观所倡导的理念在生活中实现后带来的"幸福感",实现从"要我认同与践行社会主义核心价值观"到"我要认同与践行社会主义核心价值观"的转变。

第五章 大学生价值观教育的网络载体

1987年,随着我国第一封电子邮件的发出,中国进入了使用互联网的初步阶段。21世纪以来,随着信息技术日新月异,中国迅速进入互联网时代,互联网广泛应用于社会生活各领域,深刻改变着人们的思维方式、价值观念和日常行为。互联网的普及不仅促进了大学生的学习和生活,为大学生价值观教育提供了新载体,也滋生了一些负面影响,构成了大学生价值观教育的严峻挑战。如何构建良好的大学生价值观教育网络载体,已成为高校思想政治教育亟待解决的问题。

一、网络对大学生的多样化影响

在汹涌澎湃的网络浪潮面前,当代大学生"一网情深",成为我国网民的主体。然而,相当一部分大学生算不上"成熟的网民",他们没有很好地利用网络来增加知识、提高能力和拓宽视野,而是把时间和精力花在网络聊天、交友和在线娱乐上,自然就很少自觉接受网络思想政治教育。

"触网"后学习成绩进步的学生大大少于学习成绩下降的学生。此外,有的大学生还经常光顾不健康网站。网络引发的极端情况在大学生中并不罕见。创造互联网的人曾宣称,互联网是一个"自由与平等"的天堂,在这里没有政府、警察和军队,也没有等级、贫困和歧视。这一特性增强了在网上自由驰骋的网民的"地球村"意识,但也使一些网民丧失了民族意识、民族身份和民族认同。与此同时,网上学术信息、娱乐信息、经济信息与各种各样的色情信息、暴力信息、虚假信息混杂在一起,对大学生的身心成长、日常生活及学业进步等产生着多方面的影响。

(一)网络对大学生日常生活的影响

网络为大学生们打开了了解世界的大门,并深深地嵌入到他们的日常生活中。不可否认,在社会竞争激烈、就业形势严峻的状况下,当代大学生的身心正承载着前所未有的重压。名目繁多的考试、花样翻新的素质拓展训练，再加上校外的兼职、打工等等，占据了大学生们的大量时间，令他们紧张疲劳。而上网冲浪则能够帮助他们暂时忘却现实的沉重，让身心得以放松，在轻松愉快的鼠标声中，尽享一场信息的饕餮盛宴。同时，通过上网，大学生成长过程中的困惑苦恼也能够得以释放。比如各类博客网站就提供了释放个人心灵的舞台，任何人通过简单的注册，都可以隐藏真实身份设立个人网页，像写日记一样记录每一天的喜怒哀乐，自然也可通过这一方式与好朋友在网络中分享心底的悄悄话。大学生的生活方式也因为上网而发生了改变。比如过去是通过报纸获知天下大事，现在则通常是随时随地上网看新闻；各类体育赛事过去只能在电视上观看，现在则可以直接在网上观看，并且还可以在线互动；传统的笔纸传书的写信方式现今也几乎被更快捷、更方便的网络邮件所取代。

然而，上网也极易对大学生产生不良影响。据有关专家测算，一周内上网时间控制在20小时之内，是较为适度的。但是，一些大学生在网上能连续待七八个小时，疲劳作战，导致精力不济。有些学生甚至染上了"网瘾"。他们对上网感到兴奋，离开互联网就心情烦躁。聊天和交友是大学生在网上的主要活动之一。几乎每个大学生都去过网络聊天室或交友网站。网络所提供的自由、平等的交友平台，对于现实生活中交际圈子较为狭窄的大学生来说，是有一定益处的。在这里，大学生能够与各个年龄、各个阶层、各种职业，甚至不同肤色、不同民族的人们成为朋友，沟通感情，交流思想，探讨人生，增长见识，丰富阅历。但是，由于网络具有虚拟性，有的大学生也很容易被一些不法分子的网上言语和形象所欺骗，导致交友不慎、酿成恶果。

（二）网络对大学生学业发展的影响

随着信息技术的飞速发展，网络不仅在人们日常工作中日益重要，也在人们的生活中日益重要。信息时代，熟悉互联网是用人单位对大学毕业生基本素质的要求之一，因而也是高校人才培养的基本目标之一。越来越多的在校大学生除了上网课，也主动搜索网络学习资源。上网确实能够丰富大学生的学习资料，给他们提供了崭新的、更加灵活自由的学习途径，并且开阔了其眼界与思路，从而达到博采众家之长、开发智力、激发潜能的效果。

大学生可以通过上网在第一时间了解掌握各个领域的最新资讯，更新自我知识储备，时刻紧跟时代步伐。同时，他们还能获得诸如就业、考研、心理咨询等各类实用信息，及时把握自我发展的好机会。

然而，无度上网也是大学生补考和退学的重要原因。有的大学生长期沉迷于"网络虚拟社会"，上网成瘾、无法自拔，形成网络依赖症，造成诸多心理疾病，无法面对现实生活，甚至将学业弃之不顾。一些大学生最初使用互联网进行学习，但后来却禁不住诱惑，把大部分时间花在了网络游戏上。一些大学生面对互联网上各种各样的游戏，都会情不自禁地参与其中，玩完一局想再玩一局，无论输赢。有的学生上课无精打采，但只要上网就兴奋不已。有一名大学生曾在新生入学时获得一等奖学金，但后来因为沉迷于电脑游戏经常旷课，不及格的课程越积越多，面临着被劝退、开除的窘境。有的高校，因为网络成瘾而荒废学业的学生，已占退学、留级学生的70%以上。

（三）网络对大学生思想观念的影响

上网能够活跃大学生思维，开阔其思路，有助于开发智力和提高辨别力。尤其是网上评论，敞开了大学生接触各种思想、观点、见解的大门，丰富了大学生的头脑。大学生也经常在网上畅所欲言，表达自我主张，与他人进行思想争锋，这有利于大学生辨明真理、深入领会真理。许多高校也利用网络的优势和大学生的上网热情，大力开展网络思想政治教育，将思想政治理论课教学搬到网上，建立思想政治教育"红色网站"，主动占领大学生思想政治教育工作的网络阵地，收到了良好的效果。

但是，大学生的世界观、价值观尚未成熟，网络充斥的各种价值观念极易扰乱大学生本不成熟的人生观、世界观，使有的大学生的价值观念产生倾斜，甚至走向极端。互联网起源于美国，美国等西方国家长期利用其对互联网和媒体的控制力和影响力，向世界各国，特别是坚持走社会主义道路的中国渗透资本主义意识形态、政治制度、价值观念、文化思想。另外，一些受美国等西方国家资助的NGO组织，也经常编造"灰色信息"发布到网上，制造网络舆情。大学生如果警惕性不高，就有可能被这些信息蛊惑，在思想观念上迷失方向。

(四)网络对大学生日常行为的影响

互联网缩短了时间和空间的距离,深刻地改变了人们的日常生活方式和交往行为。人们通过网络可以相对自由地选择交往对象,而且可以和网上的许多人同时交往。信息时代,网络为人们提供了感情联系的便捷渠道。人们在网络上交往时无须面对面,可以匿名进行,更为"间接"、更为"私密"。这不仅保持了彼此之间的神秘感,也提高了人们在网上彼此沟通交流的热情,激发了人们对网上交流对象的美好想象。人们在互联网上通常不必关心彼此的真实身份,也不需要担心像在现实生活中那样丢掉颜面。正是由于这一优势,人们可以在网上自由发泄情绪,获得虚拟世界人际交往的满足,甚至感受到对自身价值的肯定和关注。人们在网络虚拟世界中比在现实世界中获得更多快乐时,将情不自禁地投入更多的时间和精力进行在线交流。那些在现实生活中因经常遭遇挫折而不快乐的人,往往会躲到互联网上寻找虚拟的"完美生活"来弥补心里的空虚。在网络虚拟世界中,一些由于在现实生活中遇到各种挫折而不愿、不敢面对现实的人找到了逃避现实的地方。

然而,如果大学生沉迷于网络的虚拟世界而无法自拔,也会导致他们在现实生活中人际交往能力的下降。某高校一位大二学生说,他心情不好时常上网发帖,随着时间的推移,就会过度依赖网友。他虽然知道现实问题靠网络解决不了,但就是不知怎样直面他人进行沟通。此外,网上空间因为具有隐蔽性的特点,还有可能成为不法行为或不道德行为的庇护所。网络上色情、暴力、淫秽等信息的泛滥,严重影响了大学生的自控能力。由不慎重的网络约会导致的强奸、由色情网站诱发的性犯罪、因沉迷于网络游戏导致脑死亡等情况并不少见。可以看出,网络已经深刻地影响了大学生的学业和日常生活,"水能载舟,亦能覆舟",大学生如果好好利用网络,将受益无穷;如果滥用网络,则可能会掉入深渊。

二、大学生对网络的多样化需求

大学生上网无序性的种种表现,在一定程度上与其上网需求在校园内无法完全得到满足有关。要满足大学生健康合理的上网需求,减少甚至避免网络的负面影响,我们首先要了解大学生对网络的多样化需求。

(一)大学生对上网环境的需求

大学生希望高校加大人力、财力、物力的投入,改善网络基础设施和条件,营造良好的上网环境。除自身主观性原因外,部分大学生选择利用校外网络设施或网络资源上网的主要原因是校内网络资源供应不足、上网速度慢或其他限制较多。因而,校园网的扩容、校内"网吧"的扩大必然成为大学生们的迫切心声。大学生普遍希望校园网提质增效,建成与现实相适应的虚拟校园,以便学生在线学习以及与老师交流。

大学生期待能有更为方便、周到、全面的网络服务。大学生希望有关网站能提供更丰富的信息,特别是政府信息、科技信息、文教信息等,以满足大学生求知若渴的需求。同时大学生尚未经济独立,较多的上网开支已成为不少人的一项重要生活支出,尤其是家境贫困的学生更因此增加了经济负担,有的甚至为省钱而放弃上网获取知识,因此,他们希望网络服务中存在的问题,如收费过高、网速过慢等能得到改善。

大学生希望政府运用法律、经济、市场等手段规范涉网机构运营,取缔那些无合法证件经营、不依法依规经营、侵犯青少年身心健康的涉网机构。同时,大学生也希望监管部门能够剥夺非法涉网机构的市场,提供一大批纳入监管、经过检验的"绿色涉网机构"名单,让大学生真正能够有一个学习、提高、相互促进、共同进步的"绿色网络空间"。

(二)大学生对优秀网站的需求

部分大学生不满意高校网站现有的内容与形式,认为一些高校的网站内容枯燥、形式僵化、模式单一、缺乏吸引力、管理混乱。他们认为,优秀的高校网站应当以学生为本,以为学生服务为宗旨。

首先,大学生希望有关网站能够针对大学生群体,及时报道国内外重大科技信息、新闻时事和社会焦点、热点,宣传党和国家各项方针政策。他们希望思政类网站能够充分考虑当代大学生的思想心理特点和接受规律,融思想、知识和兴趣于一体,以寓教于乐的方式,潜移默化地影响大学生网民。他们希望学校主管部门组织开展内容丰富多彩、形式五彩缤纷的网络文化活动,希望开放网络空间方便大学生交流他们感兴趣的话题,希望在线讨论国内外重大事件、社会热点问题时能有正确的引导。他们还希望建立"红色主题网站",使习近平新时代中国特色社会主义思想在"进教材、进课堂、进头脑"的基础上进入网络空间,占领网络阵地,为大学生营造有情感、有温度、有吸引力、有感染力的网络教育资源。

其次,大学生普遍希望学校能够建立与其学业相关的主题网站,通过这些主题网站介绍学习方法,解答疑难问题,介绍学术前沿,发布招考信息,他们在线注册后可以即时与老师、同学沟通,随时查询相关信息。为满足这一需求,大学生希望有关方面能够认真研究网上信息资源的开发和利用问题,加紧开发那些有助于师生学习、工作、生活和提高素质的共享性信息资源,如理论学习和时事政策参考资料、专业教学计划、教学参考资料、课程教学大纲、课程教案或讲义、试题范本、毕业论文(设计)、标本资料、专业网址等,充实丰富网站内容,为网络思想政治教育工作提供丰富的可共享的信息资源。同时,他们希望高校能充分利用自身优势,依托高水平专家学者、重点学科、重点实验室和重点课题等创办学术网站,展示专业内容,将理论成果进行科普化宣传,赋予专业内容深层次文化内涵,增强高校网站的文化品位。此外,他们也希望高校能结合地域、历史、政治、经济、文化等因素,深入开发特色育人资源。

最后,大学生呼唤建立勤工助学、就业信息、网上调查、心理咨询等网站专区,充分享受网络的巨大服务功能。大学生通过这些服务可以便捷地获得急需的招聘信息;可以不必暴露身份,吐露成长中的困惑与焦虑,获得网上心理专家的帮助;还可以自由发表见解主张,并利用网络沟通,倾听各方面意见,活跃思维和拓展思路。互联网时代,上网找工作已经是时尚和趋势。许多人不再四处分发纸质简历,而是登录人才招聘网站查找信息、定向投放简历或在线发布简历。大学生希望学校能够充分认识到学生求职方式的转变,建设好大学生就业信息网等网站。

(三)大学生对网络监管的需求

大学生在网络世界很多时候是被动地、无意识地接收信息。网上所呈现出的光怪陆离的一切,远远比平淡琐碎的现实生活更能吸引渴望精彩的年轻学子。因为不成熟,因为好奇心,他们很容易无意识地接触到网上大量不健康内容并被动吸引。因此,大学生的健康成长需要有关方面加强对信息网络的监控和管理,防止有害信息的入侵。

公安部对"有害数据"的定义是:以计算机程序、图像、文字、声音等形式存在和出现在计算机信息系统及其存储介质中的各种有害信息。有的是危害国家安全的信息,譬如攻击党的领导、攻击国家政治制度、攻击党和国家领导人、破坏民族团结等等;有的是危害社会治安秩序的信息,譬如封建迷信、淫秽色情、教唆犯罪等等。显然,这些信息对大学生的健康成长不利。越理性的大学生,越期望相关部门通过技术、行政和法律手段对信息来源进行控制,保证信息来源真实。有的大学生希望建立全国性的"信息海关",通过先进技术手段把好互联网入口信息关,严格"过滤"进入互联网的所有信息。他们希望有关部门加强对国内所有的骨干网、区域网、校园网的管理,完善规章制度,规范网络运作,评选"环保网站",进一步防止有害信息进入校园,使高校网站真正成为学生与学生、学生与老师、学生与学校、学校与学校之间沟通的一座桥梁。

(四)大学生对依法治网的需求

法律不仅是调节人们日常行为的规范,也是调节人们网上行为的依据。我国在互联网领域制定了《中华人民共和国计算机信息系统安全保护条例》《中华人民共和国计算机信息网络国际联网管理暂行规定》《计算机信息网络国际联网出入口信道管理办法》和《中国公用计算机互联网国际联网管理办法》等法律法规,在规范人们的网络行为方面发挥了重要作用。大学生希望有关部门充分考虑到互联网的意识形态属性,结合实际对网络信息发布规则、网络信息审查监督规则、知识产权保护规则、网络犯罪处罚规则、网络安全规则等进行修改、补充和完善。同时,大学生也希望高校进一步管理好局域网和校园网,对网站主页、微信公众号等进行必要的监管,将实名注册制落到实处,综合运用技术、行政、法律等手段防止不良信息进入校园网等与大学生密切相关的互联网空间;希望高校坚持管理与教育相结合、自律与他律相结合,通过多种形式增强师生网络法治意识、责任意识、政治意识、自律意识和安全意识,建立"防火墙",抵御互联网不良信息的消极影响;加强网络道德建设,培养大学生网络伦理,形成健全人格和高尚情操。

三、大学生价值观教育视域中网络载体建构的意义

在互联网广泛普及的时代,大学生不仅在获取学习资源与相关信息时需要互联网,在日常交往和娱乐中也需要互联网。大学生价值观教育视域中,网络载体具有即时性、生动性、双向性、开放性,攸关大学生成长、成才,攸关国家意识形态安全,攸关中华民族伟大复兴。

一是即时性。网络为高校师生提供了极大的方便,使他们能够突破时空限制,随时随地利用手中的网络终端获取所需的知识和信息,随时随地一网浏览天下事,即时洞悉国内外政治、经济、社会生活发展趋势。利用互联网,高校思想政治工作者可以打破传统价值观教育的限制,及时发现问题、解决问题。

二是生动性。网络具有五光十色的图片、悦耳动听的音乐、生动活泼的三维动画、形象直观的仿真画面,可谓声色俱全、图文并茂。将价值观教育植入互联网空间,抢占可以生动形象地展示各种信息的网络阵地,有利于从知、情、信等多角度影响大学生,引领大学生在不知不觉中认同与践行社会主义核心价值观。

三是双向性。传统的价值观教育互动性不强,但在网络世界,大学生可以自由、平等地共享网上的信息资源。大学生正处于个性张扬的年龄,普遍有想要摆脱束缚、自由驰骋的心态。而互联网恰恰提供了这样的自由发挥空间,因此受到了大学生的广泛欢迎。互联网的匿名性有助于网民隐藏自己的年龄和身份,表达最真实的感受,即使是最内向的学生也可以敞开心扉,毫无顾忌地表达自己的观点。这种交流是平等的,有利于人们拉近心理距离,更真实、更直接地表达各种意见。高校思想政治工作者可由此更加了解学生,通过春风化雨的教育达到价值观教育的目标。

四是开放性。互联网连接着世界各地的学校、研究机构、图书馆和各种信息资源,构成取之不尽、用之不竭的海量信息资源数据库。有知识需求的任何人都可以通过网络终端在任何时间、任何地点学习知识、获取信息。由于除了特殊情况下存在"防火墙"外,网络没有界限,因此,不同高校原有的"壁垒"也在一定程度上被消解。跨越高校"壁垒"的大学生可以在互

联网世界自由提问、相互咨询、相互解疑释惑,在共享海量的网络教育资源的同时进行思想交流和学术研讨。互联网还架起了家校沟通的桥梁,为学校随时与学生家长联系、共同做好大学生价值观教育提供了便捷的工具与渠道。

总之,互联网的普及为丰富大学生价值观教育的内容与形式、增强大学生价值观教育实效性提供了更大的可能。高校要紧跟时代脉搏,构建良好的互联网载体,使大学生价值观教育在互联网的助力下更深入、更精细、更生动、更有效。

(一)建构良好的网络载体有利于大学生成长

网络给大学生价值观教育提供了历史机遇,同时也带来了许多问题,这些问题解决不好,网络就会危害大学生的身心健康,影响社会的进步;处理好了,网络就会成为大学生健康成长的助推器。

网络上的"黑色""黄色""病毒""虚假""诈骗"等现象,显然不利于大学生健康成长。网络上的"黑色"现象,就是反动的政治言论、错误的价值取向、邪恶的政治输出,这些信息对社会的稳定与发展造成了极大的隐患。网络上的"黄色"现象,就是色情网站、色情信息、网络色情服务等。这些严重地毒害着网民的身心健康,尤其是青少年网民,扰乱了家庭的和睦、社会的和谐。网络上的"病毒"现象,即人为制造和传播计算机病毒,以及黑客对网络的攻击等,一旦发生就会给人们带来极大的不便,甚至使人们蒙受巨大的经济损失。网络上的"虚假"现象,即人为编造新闻,传播流言,扰乱人心,破坏家庭,危害社会。网络上的"诈骗"现象,就是在互联网空间以网络为载体或工具进行诈骗。诈骗分子利用部分网民爱占小便宜的心理,通过夸张溢美的宣传词,生动形象的感官冲击,引诱毫无社会经验的大学生跳进事先设计好的"陷阱",进行坑蒙拐骗。在"黑色""黄色""病毒""虚假""诈骗"五大互联网现象中,"黄色"现象尤其危害大学生的身心健康。大学生生理上已经基本成熟,他们本能地想要了解性知识,但却缺乏合适的途径。在没有相关的选修课可以系统地了解相关信息的情况下,色情网站有时就成了他们的选择。大学生的计算机水平普遍较高,很容易就能搜索、打开色情信息。如果没有坚强的毅力和健康的思想情感来抵御诱惑,大学生就会容易落入"黄潮"、扭曲人格。

由此可见,价值观教育必须进入网络空间,促进网络健康发展,引导大学生树立正确的网络伦理观。一方面,要完善相关规章制度,通过严格的监管,规范网络信息的传输,过滤互联网上的不健康信息,屏蔽互联网上的垃圾信息、虚假信息;另一方面,要针对大学生的思想、心理特点,组织多种形式的网上信息交流活动,如知识竞赛、信息咨询、科技知识问答、新闻调查等,激发大学生网上学习的爱好和兴趣,把握大学生在网上的思想动向,从而保证网络载体在高校得到健康发展。

(二)建构良好的网络载体有利于大学生成才

大学生作为系统接受高等教育的青年群体,是社会主义建设事业的高素质后备军,肩负着毕业后建设中国特色社会主义的重任。在网络时代,要培养德才兼备的高素质大学生,价值观教育显得愈加重要。

网络的生动性、双向性使其突破了简单文字或静态图像的束缚,但这往往导致青年学生渐渐忽视思考,淡化对问题本质的追问,从而降低了想象和逻辑思维能力。知识在互联网世界往往以生动形象的图像出现在世人面前,这虽然有利于人们以"看"而不是"想"的方式认识世界,但也往往导致大学生过于依赖形象化信息而忽视"理性"。网络为大学生提供了极大的便利,让他们不必出门就能拥有一切,从而沉迷于自己的小世界,变得自我封闭。结果,年轻人的自我封闭加剧,导致对人际关系漠不关心,从而减少了人与人之间面对面的交流机会。随着时间的推移,有的大学生趋向"非社会化",沟通能力降低,人际情感逐渐萎缩和消退。

互联网深刻影响了人们的思维方式,也深刻影响着大学生素质的发展。这些问题叠加高等教育大众化带来的问题,使传统的价值观教育模式受到了极大挑战。高等教育大众化时代,在动辄数万人的高校,要召开全校学生大会几乎是不可能的。即使有容纳数千人的场所,由于人数过多,再精彩的报告也难以引起同学们的兴趣,再丰富的内容教育效果也会大打折扣。当师生比例过高时,师生双向沟通、精神互动的机会就会减少,大学生价值观教育就会有心无力、针对性降低。一些很好的价值观教育资源,在传统教育模式下,难以辐射全校学生,不能发挥其应有的效益。

面对这些问题,高校需要加强大学生价值观教育网络载体建设,将好的教育资源与互联网教育方式相结合,推动价值观教育进入网络,对网络信息添加必要的"监管器",在信息的海洋中为大学生提供必要的引导,改进大学生网络思维方式、提高大学生网络交往能力,摒弃网络对大学生的负面影响,更好地为大学生成才服务,不断提高大学生的综合素质,为社会主义现代化建设储备合格的建设者和接班人。

(三)建构良好的网络载体有利于国家意识形态安全

在以互联网为载体的信息时代,一个国家和民族的兴衰将更多地受制于网络信息战略资源的获取和利用能力。发达国家凭借网络信息技术及由此衍生的网络话语权的垄断优势,有可能把相关领域相对落后的发展中国家变为他们的"网络殖民地",这将严重地阻碍或延缓大量的发展中国家的发展和繁荣。以美国为首的西方国家作为网络革命的先行国,在网络技术上较之发展中国家占据明显的优势。为了控制和统治世界,他们必然会利用自己既有的网络优势,服务于他们的政治野心。

首先,他们控制网络空间进行政治输出,有组织地实施政治宣传,大肆鼓吹资本主义的民主、自由、平等、博爱,兜售三权分立、多党制等政治制度,利用"民生问题""人权问题"攻击社会主义国家,竭力标榜其政治制度,企图利用互联网对社会主义国家进行"和平演变"。其次,他们控制网络空间进行文化输出,用西方社会的价值观念、生活方式,对发展中国家进行意识形态渗透,使其文化面临西方异质文化的侵蚀。再次,他们控制网络空间输出腐朽的生活方式,传播色情、赌博和毒品,鼓吹暴力恐怖主义、法西斯主义、种族主义,有时还以保护人权为借口干涉别国内政。在如此复杂的网络环境中,一些传统的价值观和伦理道德遭到侵蚀,有的大学生出现了世界观、人生观和价值观的扭曲。因此,在网络普及、信息畅通的时代,更需要警惕网络空间的资本主义价值观渗透。

当然,互联网源于西方,技术上是一体的,对于充斥网络空间的西方资本主义价值观,堵截和封锁并非长久之计。加强网络载体建设,创新大学生价值观教育,提高大学生们抵御西方资本主义价值观的能力,引领大学生树立起正确的世界观、人生观、价值观,这才是最根本的。

(四)建构良好的网络载体有利于中华民族伟大复兴

中国是四大文明古国之一,中华民族数千年来接续创造了灿烂的文明,推动了人类社会的发展。新中国的成立进一步使中华民族焕发生机与活力,尤其是中国共产党领导的改革开放,使当代中国社会快速发展。进入21世纪,中华民族实现伟大复兴的美好愿望指日可待,书写中华民族壮丽诗篇的伟大时代已经来临。近现代中国社会发展的历史曾经深刻地教训了我们,关闭国门,不与外界交流,将会落后于时代,被先发国家欺侮;历史昭示我们,抓住机遇、开拓进取、坚守文明、与时俱进,民族才会复兴。

当前,国际形势瞬息万变,科学技术日新月异,人类已经进入网络时代,人们的世界观、人生观、价值观以及生活方式正在发生着变化。利用网络正面影响的同时,坚持进行网络中的意识形态斗争,巩固思想阵地,坚守社会主义基本政治制度,动员和教育群众继承和发展中华民族的灿烂文明,是价值观教育者与社会各界的共同责任。

充分利用网络,及时获取最新、最全的国际经济社会信息,加强经济全球化形势下的国内外经济社会信息交流,更快、更好地发展经济,不断解放和发展我国的生产力,已经成为人们的共识。充分利用网络,趋其利而避其害,才能从根本上维护人民群众的利益,实现中华民族的伟大复兴。一方面,要引领大学生学习网络知识,掌握网络技能,使用网络载体,推动网络创新;另一方面,要积极建构大学生价值观教育的网络载体,充分利用网络的优势,摒弃网络的消极影响,促进中华民族的伟大复兴。

四、大学生价值观教育视域中网络载体建构的挑战

通过上述分析不难看出,在大学生价值观教育视域中,亟待建构良好的网络载体。有关专家学者与大学生价值观教育工作者普遍认为,目前大学生价值观教育网络载体建构还存在一些需要正视的现实难题,主要是我国网络信息化建设任重道远,高校网络建设缺乏规范性和针对性,网络立法和网络监管有待完善,价值观教育者队伍素质有待提高。

(一)我国网络信息化建设任重道远

近年来,我国网络信息技术尽管有了突飞猛进的发展,但与美国等发达

国家相比还有很大的差距。网络信息化的相对落后,网络用户的飞速增长,大学生网民的与日俱增,使我们日益严重地面临着网络"殖民文化"和"文化侵略"的压力。互联网的网址大多为英文的,网站使用的语言则主要是英语、法语、德语、日语等,近年来汉语的使用频率也在提高。我国网络信息化建设任重道远,加大投入,培养人才,保障研究开发,是我们面对网络挑战的根本之计。

(二)高校网络建设的规范性和针对性有待加强

大学生普遍思维敏锐且崇尚自由,喜欢在网上无拘无束地表达自己的想法。他们很容易一时冲动,在思想或行为上出格。因此,很有必要针对大学生的思想、心理特点开展网络价值观教育。网络价值观教育随着互联网的迅速发展而发展,需要不断增强规范性和针对性,这已经形成共识。

近年来,高校相继建设校园网,我国"数字校园"初步建成。但由于人力资源、硬件投入和保障机制的差异,高校网络建设速度参差不齐,缺乏统一、严格、有效的指导,规范性、针对性不强。一些高校网站形式僵化、信息陈旧、内容单调,除了学校简介、部门简介等,很难找到其他对学生有价值的东西。有些高校把内设机构的职责和相关文件全部搬到网站,虽然在信息开放上做得不错,为学生在这些单位办理相关事务提供了指南,但没有多少大学生感兴趣的学习资源。这样的校园网对大学生的吸引力不足,虽然不能说形同虚设,但难以成为大学生价值观教育的阵地。

也有的高校对网站管理到位,但对于师生反映的教育、管理和服务中存在的问题,往往进行删除或搁置,不能及时进行公开、公正的处理。这种被动解决问题的方式,打击了师生参与学校建设的热情,淡化了师生以校为家的感情,使学生对学校的宣传和教育心存抵触,影响了网络价值观教育的实效性,对于学校的长久发展是极其不利的。积极为师生服务,着力解决师生疑虑,在此基础上开展价值观教育,应成为高校网络价值观教育的思路。高校网络价值观教育必须加强统一领导和监督,增强规范性和针对性,切实解决好"为谁服务"和"怎样服务"的问题。

(三)网络舆论控制力与监督力受到空前挑战

互联网的普及是把双刃剑,从积极的角度看,有助于舆论引导;但从可能的负面影响看,互联网作为新的信息传播渠道,也挑战了党和政府对舆论的控制和监督。在某种意义上,假若互联网失控,也会在一定程度上导致舆论环境的失控。网上灰色信息不及时清除就会毒害网民,甚至影响经济社会发展,阻碍价值观教育。清除网上垃圾,净化网络环境,成为时代呼唤的最强音,也是大学生价值观教育网络载体建构的重要任务和蓬勃发展的重要条件。

大学生价值观教育网络载体建构的目标之一正是通过大学生喜闻乐见的形式,利用丰富多彩的教育内容来对其进行卓有成效的教育,增强其网络道德意识,提高其自身的内在免疫力,使其能够在良莠不齐的网络信息中自觉抵制垃圾信息。然而,仅仅依靠这种自律式的治理,难以根除网上垃圾信息的危害。在网络空间要坚持"德法兼治",加强网络行为引导与监管,把网络环境净化为滋养大学生价值观的"纯净天空"。

我国目前已经初步建立了互联网法律法规体系,但还不够完善:一是互联网方面的综合性法律法规缺乏,立法水平整体上较低,管理主体多元、职责不清,彼此之间有时候存在交叉,某些地方又存在漏洞。二是现行互联网立法尚存在缺陷,相对于快速发展的互联网在某些环节显得滞后,也难以满足打击花样翻新的各种网络犯罪的实际需要。三是相关商务法律已初步建立,但在新出现的电子商务领域法律还不够健全。有法可依、有法必依、执法必严、违法必究的法律环境是网络价值观教育繁荣发展的坚实保障,建构大学生价值观教育网络载体,迫切需要进一步完善法律法规。

(四)网络价值观教育队伍素质有待提高

大学生价值观教育队伍主要由辅导员、班主任等学生工作者,党组织、团组织中的思想政治工作者,思想政治理论课教师等组成,他们在高校立德树人的不同环节对大学生价值观教育发挥着主导作用,而他们自身的思想政治素养与思想政治工作能力是其能在多大程度上对大学生价值观教育发挥主导作用的前提与基础。这就要求大学生价值观教育工作者必须政治强、业务精、作风正,是德才兼备、全面发展的高素质人才。在网络时代,由于网络上的信息量大而且资源共享,大学生可以通过网络更快地获得更多、更全的信息,不出校门而知整个世界。教育对象知识储存量的增加和更新速度的加快,对价值观教育者来说是巨大的挑战,做好新时代价值观教育,必然要求价值观教育者自身具有更高的互联网素质。

为了让学生自然而然地接受网络时代的价值观教育,高校思想政治工作者不仅需要更丰富的知识,还需要具备更高的互联网素养。加速培养既有高尚的思想素质、坚定的政治立场、精深的业务知识、丰富的价值观教育经验,又掌握网络技术、熟悉网络特点的网络价值观教育队伍,从而保证网络价值观教育的可持续发展,这是大学生价值观教育网络载体建构取得实效的关键所在。在互联网深度融入大学生日常生活与学习的今天,高校思想政治工作者需要进一步转变观念,增强网络思想政治工作意识,从战略高度把大学生网络价值观教育列为高校立德树人工作的重要任务,在处理互联网与大学生价值观教育的关系上,把握机遇,化解挑战。

总之,价值观教育进入网络之后,高校领导和其他的政工人员只有在坚持传统价值观教育优势的基础上,不断进行观念和思路的创新,才能在信息技术的迅猛发展下适应随之而来的网络运作观念、手段、方式,紧跟网络发展的步伐,从而使网络价值观教育卓有成效,增强对全体师生的渗透力,更多、更强地发出我们党和政府的声音。

五、大学生价值观教育视域中网络载体建构的路径

教育部等八部门发布的《关于加快构建高校思想政治工作体系的意见》(教思政〔2020〕1号)要求:"加强网络育人。提升校园新媒体网络平台的服务力、吸引力和黏合度,切实增强易班网、中国大学生在线等网络阵地的示范性、引领性和辐射度,重点建设一批高校思政类公众号,发挥新媒体平台对高校思政工作的促进作用。引导和扶持师生积极创作导向正确、内容生动、形式多样的网络文化产品。建设高校网络文化研究评价中心,推动将优秀网络文化成果纳入科研成果评价统计。"①这一要求充分体现了新时代党和国家对大学生价值观教育网络载体建设的高度重视。新时代高校要深刻

---

① 中华人民共和国教育部.教育部等八部门关于加快构建高校思想政治工作体系的意见[EB/OL].(2020-05-12)[2022-02-11]. http://www.moe.gov.cn/srcsite/A12/moe_1407/s253/202005/t20200511_452697.html.

认识网络对大学生思想观念、思维方式、行为模式、价值观念乃至政治倾向产生的影响,主动占领网络价值观教育新阵地,既要抓好主题网站的建设,也要充分利用各类社会性网站渗透大学生价值观教育,同时还要高度重视网络法治环境的建构。

(一)建设大学生价值观教育主题网站

价值观教育主题网站建设具有重要意义,建设内容充实、富有魅力的大学生价值观教育主题网站,是强化高校立德树人工作的迫切需要。

首先,建设价值观教育主题网站有利于弘扬主流校园文化。建设大学生价值观教育主题网站,有利于促进大学生价值观教育观念的转变、载体的更新、方法的改进,牢牢掌握校园网络文化传播的主动权,使网络真正成为传播先进文化、建设主流文化、弘扬时代精神的价值观教育新阵地。

其次,建设价值观教育主题网站有利于加强师生之间的交流。网络的交互性为师生之间、同学之间的交流带来了便利。在网络虚拟空间,人们能够在隐藏真实身份后,畅所欲言,透露真实想法。这意味着,通过价值观教育主题网站,教师可以更加准确地掌握学生的思想动态,提高价值观教育的针对性和有效性。

再次,建设价值观教育主题网站有利于呈现各种类型的价值观教育资源。大学生价值观教育主题网站作为校园网络的重要组成部分,使信息搜集目标更明确、手段更专业。通过价值观教育专门机构对网络信息进行搜集整理,并使之集成化、网络化,形成各类信息资源数据库,既能够满足当代大学生对信息的需求,也能够为价值观教育者提供相关信息。

最后,建设价值观教育主题网站使大学生价值观教育内容更充实、更丰富,效率更高、实效更强。大学生价值观教育主题网站信息容量大、覆盖范围广、传播速度快、育人功能多,方便大学生浏览,有利于思想政治工作者随时关注大学生思想动态,调查、分析相关数据,进行综合研究、协同育人。因此,统筹协调各方力量,建立具有鲜明马克思主义立场、观点的大学生价值观教育主题网站有着重要的现实意义。

目前,国内大部分高校已建立起大学生价值观教育主题网站,取得了阶段性的成果。以中南大学为例,该校建设了"升华网"等16个校园主题网站和4个纵向延伸的网上价值观教育子系统,形成了全方位覆盖、全过程渗透的网络价值观教育体系。大型、全方位、功能强大、覆盖面广的价值观教育网站群为学生提供了获取知识和思想信息的重要渠道。升华网的红叶聊天室,经常举办"与名人对话"的网上交流活动,让学生在无形中接受励志教育。中国科学院院士、中南大学教授、博士生导师金展鹏曾坐着轮椅来到升华网工作室,以"治学与修德"为主题通过聊天室与同学们交流,受到学生的热烈欢迎。中南大学建立了完整的大学生价值观教育网络体系,引起了媒体和社会各界的广泛关注。《人民日报》、新华社、《光明日报》、中央电视台等中央媒体曾聚焦中南大学网络德育工作,将其成功经验总结如下:一是领导重视,投入力度大。二是坚持"主动占领、充分利用、注重教育、严格管理、及时引导、加强德育"的主题网站建设方针。三是通过在互联网空间建立系统的价值观教育阵地,改变了基于书本知识的枯燥说教,形成了学生喜闻乐见的引导模式。学校组织编写、制作了10多门课的多媒体课件,上传到学校马列主义研究会网站,并配以经典歌曲、影视片和文献纪录片,激发了同学们的学习兴趣和热情。四是在价值观教育网站上开辟"聚焦伟人""影音回放""时政热点""经典原著""名人演讲厅""与名人对话"等栏目,以优秀的精神食粮,满足学生全方位、多层次的精神文化需要。五是运营方式实行项目化管理思路:所有的网站都有专门的机房,硬件平台一流,管理者和使用者主要是学生,学生参与的积极性高、责任感强,同时通过在网站的锻炼迅速成长。六是学校有一支相对稳定的教师队伍和党政领导团队,活跃在大学生价值观教育主题网站,随时引导学生,这支队伍密切关注学生思想动向,随时就同学们提出的热点、难点问题进行回复,真正贴近学生,为学生服务,营造了良好的上下沟通氛围。中南大学为高校提供了值得借鉴的网络价值观教育经验。高校要认真研究新情况、新问题,主动建立大学生价值观教育主题网站,牢牢把握网络价值观教育主动权。

  面向新时代大学生构建价值观教育网站,应充分利用最新的互联网信息技术,在互联网空间拓展价值观教育的渠道,创造更适合新时代大学生信息交流特点的新颖有效的价值观教育新形式。要坚持"掌握主动权、找准突破点、扩大覆盖面、增加亲和感"的网站建设思想,集中力量建设一批有特色的站点,使之成为大学生价值观教育的先锋队和"实验基地"。将价值观教育主题网站融入大学生的日常学习和生活,利用互联网的交互性、开放性和实时性,将互联网上的虚拟世界和大学生的现实世界联系起来,在潜移默化中传播先进文化,弘扬社会主义核心价值观,培养大学生爱党、爱军、爱国、爱人民、爱社会主义的崇高情感。为了实现这一目标,就需要建立成熟、优秀、魅力独特的价值观教育主题网站。

目前,许多高校也像中南大学那样建设了优秀的大学生价值观教育主题网站,他们的经验也很值得借鉴。例如,西北工业大学建设了既具有一定的娱乐性,又具有一定的立体交互性,还蕴含丰富资料的"红土地"网站,不仅为学校党建和思想政治工作开辟了新途径,也为大学生价值观教育提供了重要阵地。南开大学借用杰出校友周恩来总理年轻时候创立的"觉悟社"的名义,打造了价值观教育主题网站"觉悟"网站,既能够发挥历史伟人的示范性作用,具有很强的历史感,又能针对新时代大学生的思想、心理特点,具有很强的时代感,有利于提高大学生践行社会主义核心价值观的主动性,提高大学生价值观教育的实效性。清华大学高举马克思主义旗帜,在互联网空间打造"红色网站"、建设红色"圣地",注重增强网站的红色魅力,为大学生党员和入党积极分子构建了"红色精神家园"。

这些主题网站传播中国共产党的理论、路线、方针、政策,确保大学生价值观教育有正确的政治导向;对互联网上出现的一些重大政治问题、敏感的意识形态问题和可能影响大局的问题,通过有理有据的辨析,引导大学生形成对这些问题的正确认识;向大学生传播和介绍中华优秀传统文化,进一步树立他们对民族文化的认同感,增强他们的民族自豪感;积极开展网上文化活动,在互联网空间弘扬主旋律,在大学生中扶植正气。与此同时,为进一步发挥大学生价值观教育主题网站的功能,有的高校会组织知名专家、学者和各级领导在大学生价值观教育主题网站建立特色网页,作为与师生沟通的渠道,并挤出时间定期与师生在线交流。

大学生价值观教育主题网站建设要收到应有的效果,还必须进一步开发信息交流功能,扩大覆盖面,增强吸引力。

一是在互联网空间开展心理咨询。在"快节奏、高压力、强竞争"的现代社会,大学生的心理问题日益增多。为了迎接这些挑战,高校思想政治工作者需要在线下了解学生心理的基础上在线开展有针对性的大学生心理健康教育;同时,通过在线心理咨询活动了解大学生的心理健康问题后,回到现实中解决大学生的心理问题。通过在线上线下的反复沟通与交流,思想政治工作者不仅能够成为大学生网上的知心朋友,也能够成为大学生线下的良师益友。

二是在互联网空间上传丰富多彩的内容。要重点开发有助于师生学习、工作、生活和提高素质的共享性信息资源,如提供理论学习和时事政策参考资料、标本资料、校(院、系)史资料、专业网址等丰富的可共享的信息资源;也可以开通健康网站、红色网站,使访问者能与名师、大师聊天,开阔眼界。

三是在大学生价值观教育主题网站设立新闻、时政服务平台。即利用网络新闻服务器向广大用户提供针对各种专题讨论和交流的服务,构建校内新闻"立交桥",把校报、校电视台、校广播站、校外语电台等几家媒体的信息都"搬"上网,使更多的大学生能得到正确的思想引导。

四是在价值观教育主题网站上建立相对开放的讨论区和聊天室。在这里,大学生可以表达自己的观点和意见,并讨论一些问题。思想政治工作者通过观察网上动态或直接与某些大学生在线交流,针对所了解到的大学生思想状况,表达正确的观点,教育引导大学生。

五是依托价值观教育主题网站开展专项服务。通过专项服务,可以集中解决大学生在学习和生活中遇到的共性问题,并在解决这些问题的过程中加强对大学生的舆论引导。此外,还可以通过开设虚拟社区、网上党(团)校、网上调查、交流、讨论等活动向师生提供网络服务。

(二)在各类社会性网站中渗透价值观教育

各类社会性网站在信息传播过程中对大学生价值观产生着无形的影响,对开展大学生价值观教育具有重要意义。

各类社会性网站为大学生价值观教育提供了广阔的渠道。各类社会性网站分布在社会生活的各个领域,与大学生日常学习、生活有千丝万缕的联系。这些网站集成了社会各领域的信息,便于大学生与他人双向交流,大学生可根据个人需要进入相关网站。各类社会性网站各有特点,运用得当的话,将成为大学生自我教育的重要阵地。高校思想政治工作者可以通过关注大学生在各类社会性网站上的活动,把握学生真实的思想动态,并以适合互联网的方式和大学生易于接受的形式,将科学的理论、先进的思想观念、崇高的价值观渗透于网络空间,在这些社会性网站的大学生网民中实施隐性价值观教育,使他们"自然而然"地接受社会主义核心价值观,形成积极向上的价值观念。

各类社会性网站能够为大学生价值观教育提供丰富的内容。各类社会性网站综合了报刊、广播、电视、图书、录音录像、户外宣传等众多媒体的优势,汇集了世界各国的政治、经济、科技、文化、艺术等信息,更新快捷、信息海量、交互性强、覆盖面广、形式多元,为丰富大学生价值观教育内容提供了无限的可能。

借助各类社会性网站,可以推动大学生价值观教育方式、方法的创新。各种社会性网站推动大学生价值观教育从"一刀切"的集中统一模式向"点状分散"的个性化模式转变;从基于"自上而下单向灌输"的大学生被动接受向基于"双向、多向互动交流"的大学生主动接受转变;从依靠"教师权威"的说教式教育向依托"视频、语音、图片"等多媒体要素的渗透式教育转变;从周期长、见效慢的"跨时空"价值观教育向周期短、见效快的"即时性"价值观教育转变。

各类社会性网站缩短了人们交往的物理距离与心理距离,使人们的文化认同、思想观念前所未有地在互联网空间碰撞,这是大学生价值观教育无法回避的新课题。

主动利用各类社会性网站渗透价值观教育,也是消除网络负面影响的需要。各类社会性网站作为影响人们价值观念的重要平台,不主动去渗透正确的思想,就会被错误的观念所渗透;不充分发挥其积极影响,就会产生更大的消极影响。西方敌对势力有时会在各类社会性网站进行意识形态渗透,一些资本力量有时会见利忘义在各类社会性网站以低俗的,甚至违反公德的内容诱惑大学生。有的大学生深受其害,不仅思想观念被扭曲,身心健康也会被摧残。要将这些消极影响降到最低,一方面需要社会各界共同加强信息安全管理,另一方面需要有关方面主动利用各类社会性网站渗透价值观教育。

当前,各类社会性网站的价值观渗透情况不容乐观。开放多元的社会性网站充斥着良莠不齐的海量信息,对大学生价值观教育的影响也是多样化的。来源广泛的海量信息通过各类社会性网站涌现在大学生网民面前,会在客观上造成大学生信息空间的"超载",挑战大学生从海量信息"沙里淘金"的能力。这些社会性网站如果渗透过多背离社会主义核心价值观的信息,就会误导一些信息辨析能力不足的大学生,削弱学校主导的大学生价值观教育的效果。大学生对广泛、多样、多媒体交互的网络信息具有强烈的兴趣,他们在社会性网站上耗费了大量时间,减少了对学校德育活动的参与度。面对信息庞杂的互联网空间,传统的思想政治教育环境受到冲击,如果高校思想政治工作者不与时俱进将思想政治教育环境向互联网延伸,驾驭新的互联网育人环境,将难以继续主导大学生价值观发展变化的进程。在前互联网时代的常规思想政治教育中,高校对学生可能接受的外部信息有一定的"过滤"机制,高校思想政治工作者通过对信息源和信息流动过程的主动介入,可以在一定程度上"净化"大学生价值观教育的环境。而在各类社会性网站承载的复杂的、多元的、海量的信息面前,无论是限制信息源,还是过滤不良信息,都更为困难。各种信息通过社会性网站在大学生中传播,使大学生价值观教育的信息环境越来越复杂。如果对社会性网站失去控制,任其无规则地传播复杂的、多元的、海量的信息,其中的不良信息就会成为大学生价值观的污染源。目前,一些社会性网站建设存在不少问题,严重冲击着大学生价值观教育工作,需要加强管理。

在社会性网站做好大学生价值观引导工作,需要各方共同努力。

首先,各类社会性网站要以高度的社会责任感,在网站建设中加强自律,以科学、文明、健康的网络信息,为包括大学生在内的青少年价值观教育提供支持。社会性网站可以直接或间接地影响受众,进而对国家、社会产生影响。各种社会性网站只有遵守法律法规和网络伦理,在网络空间扶正祛邪,以健康向上的网络信息为广大网民服务,才能承担起立德树人的社会责任。

其次,政府要多措并举,加强对各类社会性网站的管理。要加强网络立法与网络执法,加强网络安全软件研发,依法依规对各种社会性网站进行技术排查、内容审核、违法惩戒,确保各类社会性网站承载的信息是合法的、安全的、文明的,为包括大学生在内的广大青少年健康成长营造文明的网络环境。

再次,高校要加强对大学生的网络伦理教育,引导大学生在互联网空间遵守伦理道德和法律法规。围绕社会性网站而出现的各种问题,如黑客攻击、网络侵权、色情网站、网络谣言、人身侮辱等,根源都在于部分网民严重缺乏网络伦理观念与网络法律意识。面对这些危害,高校要引导大学生提高对社会性网站的信息识别能力;教育大学生提高政治借鉴力,辨析社会性网站潜伏的不良信息,不做不良信息的奴隶;引领大学生在社会性网站遵守网络道德,增强维护网络空间秩序、培育良好网络文化的责任感与使命感,树立新时代大学生良好的网民形象,促进社会性网站繁荣发展。

最后,要充分利用各类社会性网站提供的公共网络空间渗透价值观教育。一是营造大学生在互联网空间的集体归属感,鼓励大学生自主建设基于社会性网站的虚拟校园和虚拟班级。这样的虚拟校园和虚拟班级不仅是他们在校期间的网络活动基地,也是他们大学毕业后跨越时空的沟通联系枢纽。二是充分利用各类社会性网站提供的网络工具,创新价值观教育手段。微博、微信、QQ等网络社交工具,为开展"一对一"的网上价值观教育工作提供了条件。高校思想政治工作者应该熟练运用这些网络社交工具,充分发挥各类社会性网站的积极影响,与大学生在互联网空间进行深入细致的交流,推动大学生价值观教育创新发展。

(三)完善网络价值观教育的法治环境

网络既可能促进人类社会进步,也可能产生负面影响。"不以规矩,不能成方圆",互联网自身的健康发展需要健全网络立法,大学生价值观教育更需要一个良好的网络法治环境。在网络法治环境中,任何从事网络活动的个体或群体都要严格遵守网络法律或制度。只有构建良好的互联网法治环境,才能保证大学生网络价值观教育顺利进行。作为接受高等教育的群体,大学生对网络的需求、使用程度,使他们自然而然地成为构建良好网络法治环境的生力军。

广义上的网络价值观教育也包括网络法治教育。一方面,开展网络价值观教育需要增强大学生的网络法治意识;另一方面,构建良好的网络法治环境需要高校师生的积极参与。美国是互联网的发源地,互联网普及得早,其互联网立法也先行一步。从1977年第一部网络立法开始,美国已对计算机安全和网络使用进行了多方面的法律规范,并且有了网络根本大法——《计算机安全法》。经过几十年的建设,美国已经形成了相对完善的互联网法律体系。互联网进入我国的时间较晚,我国在互联网领域的立法工作也起步较晚,相对于美国,我国的网络立法不论是在层级、内容还是效力上,都还不成熟。从立法层级看,我国现行的互联网立法多为"管理办法""管理条例"或"司法解释"等,还没形成更高级别、更为系统、更为完整的互联网法律体系。从立法内容看,我国网络立法滞后于日新月异的网络实践。虽然在互联网信息安全立法领域取得较大进展,但规范网民行为的法律法规还不完善。此外,需要注意的是,在网络发展不充分时,网络立法往往会成为一纸空文,甚至会降低网络服务商的热情,限制使用者的才智,阻碍网络发展和技术进步。

鉴于我国网络发展的实际,建构大学生价值观教育网络法治环境,首先要健全涉网法律法规。在我国加强网络监管,既要借鉴国外的有效举措加强立法,又要立足本国实际促进网络普及,提高网络技术,加强网络教育。在指导思想上要有紧迫感,在实际操作上又要按部就班,稳扎稳打,只有这样,才能提供有利的网络法治环境,为大学生利用网络保驾护航。其次要健全校园网管理制度,凸显校园网的价值观教育优势。在社会宏观层面,应该加强我国网络立法的层级、内容和效力,加强对网络的法律监管,保障人们对网络的合法利用。倘若着眼于高校,利用网络加强大学生价值观教育,就必须考虑高校网络"自留地"——校园网建设情况。调查显示,大学生最主要的上网载体是自备的电脑或手机,由此可见校园网建设的必要性和利用好校园网对学生渗透价值观教育的可行性。近年来,高校校园网络建设飞速发展,取得了长足进步,但管理中却存在些许纰漏,高校亟须健全规章制度、建立长效机制,保障校园网健康发展。

在网络法律法规的保障下,高校一方面要完善校园网络管理制度,另一方面要加大网络技术研发力度,掌握信息加密技术、信息确认技术、信息控制技术,建立起"信息海关",为网络信息添加"过滤器"。具体而言,高校要明确网络管理部门,完善网络管理制度,培养网络技术人才,建立网络信息引导机制和响应机制,妥善管控好互联网信息门户;要建立法律保障、技术监管与网上教育三位一体机制,保障网络方向发展,使网络活动有章可循、活而不乱。这也是网络价值观教育繁荣发展、富有成效的保证。

(四)开展上网指导活动,教会学生科学上网

当前,多数大学生都具备上网条件,也懂得上网的基本操作,但"能上网"并不意味着"会上网"。要想完成大学生从"能上网"到"会上网"的转变,需要高校及时开展上网指导活动,教会学生科学上网。

首先,帮助大学生充分了解互联网的多元功能和网络信息传播的特点。许多大学生对网络功能利用得不够充分,或者是误入歧途,原因之一就在于对网络的特点认识不够深入、不够全面。要想使大学生在面对网络时,能够鉴别和利用网络资源,使之成为学习和求职的助手,高校必须通过各种途径帮助学生认识网络特点。例如,高校可以通过网络信息技术课程系统地向学生传授最新的互联网技术和网络应用知识;可以举办专题报告会,强化学生对网络某一方面的特点的认识;可以组织板报展览,通过一些典型案例敲响大学生上网的警钟,引导大学生杜绝上网中的不文明、不健康现象。总之,高校要通过种种途径,让学生认识到,作为计算机技术和通信技术的结合,网络有着开放性、互动性、平等性、虚拟性等鲜明的特性,承载海量的信息。网络既有利于大学生开阔视野,扩大信息源,增大知识量,拓宽思维方式,增强自身素质,拉近彼此之间的距离,也会因为网上灰色信息的存在,对大学生的价值体系、思想意识、道德观念等形成冲击,导致个别大学生人生观、世界观产生混乱。大学生必须对网络的这种特点有着清醒的认识,主动利用网络的积极因素促进自己的成长与成才,同时增强上网的免疫力,消除网络的消极因素,以免误入歧途。

其次,引导大学生端正上网态度,确立健康的上网目的。目前,有些学生上网的目的只是聊天、玩游戏。有的大学生还参加各类网络交友、网络社区,目的纯粹是放松、消遣或打发时间,这导致的实际结果是:上网玩游戏上瘾了,上网交友陷入了感情漩涡,上网想打发时间却沉溺其中无法自拔……尤其值得注意的是网络信息鱼龙混杂,有些大学生对此难以分辨。要想避免这些情况冲击大学生价值观,就需要引导大学生明确上网目的,清楚地认识上网最主要的目的是获取有益信息,促进学业进步、身心成长;同时提高辨别能力,增强抗腐蚀能力,主动抵制网上各种灰色信息的消极影响,把握好网络时代自己的人生航向。

最后,指导大学生熟练使用最新的互联网应用技术。掌握最新的互联网应用技术才能够自由上网、科学上网。当前,大多数高校都把"计算机文化基础"等课程列为公共基础课,许多学校还专门设置了"计算机网络基础"课,把网络知识教育作为当代大学生的通识教育,这在一定程度上有利于学生更好地了解网络,掌握上网技术。但由于课程大多偏重于理论,有时显得枯燥无味,网络技术教育的效果并不十分理想。因此,高校应当加强网络实践教学,设置网上教育答疑系统,做好释疑解难工作,帮助学生更好地学习网络知识,掌握上网的技术。当然,要使学生更好地掌握上网技巧,首先要加强教师队伍建设。这支队伍应熟悉互联网时代的价值观教育规律。为此,他们需要在把握价值观教育一般性规律的基础上,专门研究大学生网络意识、网络心理、网络伦理,探索网络价值观教育的新特点、新规律。这支队伍也应该熟悉网络技术应用。所以,高校既要为这支队伍配备先进的上网设备,为他们开展网络价值观教育提供硬件支撑;又要经常性地对这支队伍进行网络应用技术专题培训,增强他们的网络应用能力。总之,在互联网时代,我们应积极开展上网指导活动,教会学生科学上网,引导学生充分利用网络获取知识,开阔视野,健康成长,全面成才。

(五)重视上网心理研究,全程呵护学生心灵

多数大学生上网的心态是健康的,但有的大学生在上网过程中也出现了心理问题,如沉迷于网络游戏、迷失于黄色网站、聊天成瘾、因被网友欺骗对人际交往产生了恐惧,等等。这些问题提示高校思想政治工作者必须高度重视大学生上网心理研究,全程呵护大学生的心灵。

通过"心理健康教育"等通识课程预防大学生出现上网心理问题。大学

生网络心理问题产生的原因主要有四个:一是有些高校只知道限制大学生上网,却不知如何转移大学生的注意力、如何排解网络对大学生的消极影响、如何培养大学生新的爱好;二是有的学生成绩欠佳,感受不到成功的乐趣和他人的认可,为了转移因学习成绩不佳而导致的抑郁情绪,他们不由自主地逃避到网络虚拟空间,从玩网络游戏的所谓"成功"中寻求解脱,找回"自信";三是一些大学生对学业很专注,但性格内向孤僻,不善于处理人际关系,他们一旦遇到棘手的问题,会习惯性地躲避问题,而沉迷于互联网,这种状态,会反过来损害他们的身心健康,影响他们的学习和生活;四是有的大学生自制力不强,性格还不太稳定,容易受到外界环境的影响,极易于求助虚拟的网络来排解。要想把大学生上网心理问题消除在萌芽状态,需要做好三个方面的工作:

首先,采用心理暗示的方法,引导学生寻求更加阳光的生活。人们在生活中无时不受心理暗示的影响,心理专家们认为要学会利用好的暗示,活得更积极、更健康。应鼓励大学生在自我肯定中享受生活的美好,而不是浪费时光去"上网",更不应该以"游戏"来左右自己的生活。

其次,引导大学生把注意力从网络空间转移到现实生活空间。当一个人放纵自己沉迷于网络时,就会形成依赖感,觉得时间过得很快。放纵自己达到不能控制的时候就可能会走到另一个极端,最终对正常的学习失去兴趣。相反,若把时间用在做一些更为有益的事情上,例如去做兼职,就会得到学习及交往的乐趣。

再次,"在网言网、以网治网",依托网络载体、运用网上资源、通过网上沟通,对大学生开展网络心理健康教育。开放包容的互联网为高校师生提供了在匿名条件下平等沟通交流的机会,这恰恰是心理健康教育所需要的。互联网可以帮助教育者化解教育对象的心理阻抗和逆反心理,面向特定教育对象开展在线心理训练、心理测试或专题心理培训课程,达到心理健康教育的目的。同时,要重视对学生开展网络心理卫生等宣传教育,让青年学生在"网络阳光"的沐浴下健康成长。

通过大学生日常思想工作和心理咨询工作,帮助上网过程中出现心理健康问题的大学生调适上网心理。有的大学生上网目的不明确,上网内容不健康,上网时间、费用无节制,对网络产生过分依赖的心理,甚至出现心理问题、患上心理疾病。解决这些问题,需要做出以下努力:

首先,要在丰富多彩的校园文化活动中调适大学生的上网心理。学生会应多组织活动,引导大学生适度上网。社团应多组织交友活动,让大学生积极参与到现实的人际交往中,让他们在现实的世界中感受生活。

其次,要引导大学生以对崇高的人生理想的追求、对社会主义核心价值观的践行,克服网络虚拟空间各种不切实际的目标的诱惑或各种消极颓废的信息的蛊惑。树立明确的、崇高的人生理想,可以使大学生对生活保持信心,磨砺意志,增强责任,把有限的时间和精力都集中在有意义的事情上,在忙碌的进取中摆脱空虚和浮躁,减少上网消遣。

再次,应建立学校和家庭的联络机制,多管齐下调适学生上网心理。高校要转变思想,不能把大学仅仅作为教授知识的场所而忽视或轻视了大学生的思想与心灵教育。要加强心理健康教育中心建设,把心理作为研究的对象,真正把大学生的心理作为一门科学而重视起来。要加强与学生家长的联系和交流,把学生的校内表现和问题及时向家长反映,共同为学生解决存在的问题。要发挥学生会的桥梁作用,避免学生与老师由于心灵距离而产生信息不全的问题。总之,学校、家庭多管齐下,才有可能做好大学生上网心理的调适工作。

以高校心理健康教育中心的专家为主体,对因为上网而出现严重心理疾病的大学生定向开展上网心理矫正工作。随着大学生网民队伍的壮大,因上网而诱发心理疾病的患者越来越多。染上严重网瘾的大学生,只有寻求心理医生的帮助才能恢复正常。当然,心理学家也认为,大学生心理问题的形成和解决都深受外部环境的影响。做好大学生上网后的心理矫正工作,需要以高校心理健康教育中心的专家为主体,协同多方力量共同解决问题。

首先,需要老师、家长和大学生平等交流,加强对大学生的精神关怀。个别大学生之所以如此热衷于上网,其中很重要的一个原因是与老师、父母缺少沟通与信任,精神需求无法满足,到网络中寻求精神寄托。教师和家长应该避免居高临下的"师""长"心态,要贴近大学生的心理,以大学生更易接受的"朋友"或"伙伴"身份走入大学生的心灵世界,了解大学生学业压力、就业焦虑、交往困惑、生活迷茫等现象背后的心理需求,给予他们人文关怀、心理疏导、生活帮助、学业帮扶、就业指导,引导他们以对学业、生活的希望消解、降低上网的欲望。

其次,教师和家长应该采取措施,把大学生对网络虚拟空间的注意力转移到探求新知、创新创业的正确轨道上来。要从青少年憧憬未来、可塑性强的群体心理特征出发,帮助大学生树立有魅力、可实现的人生目标,培养为理想而坚持奋斗的意志。要有意识地将学生的视线从网络上转移开来,引导他们在社会生活中寻找到价值所在,在健康向上的环境里茁壮成长。

再次,针对部分大学生在色情网站寻求性启蒙的过程中误入歧途的现象,学校和家庭应主动面向大学生开展性教育、普及性知识。家长应在大学生成年之际,嘱托孩子在异性交往中遵守伦理、注意安全、做好保护。学校应开设性教育选修课程,满足青年学生寻求性启蒙、了解性知识的客观需要,通过系统的性教育课程为大学生解疑释惑,使大学生在性启蒙的过程中摆脱对色情网站的依赖。

最后,家庭和学校应利用微信群、QQ群等网络社交工具建立便捷的家校沟通渠道,关注那些网络成瘾的大学生,监控他们的上网时间。家长不仅要劝诫孩子不要把时间耗费在网络虚拟空间,还要控制自己的上网时间,为孩子树立榜样。学校则要从制度设计上规范学生就寝时间、约束学生上网时间,引导大学生正确认识互联网的利弊、合理安排自己的上网时间。

(六)正视上网负面影响,及时处理相关事件

因大学生上网而产生的突发事件时有发生,给学生本人、家庭、学校、社会都造成了严重的影响。如何正视上网的负面影响,及时处理突发事件,成了摆在高校面前一个亟待解决的问题。

首先,引导学生摆脱网恋的虚幻世界。"网聊""网恋"是网络时代青年男女的时尚,虽然不排除有少数幸运儿在网恋中寻到了自己的所爱,尝到了网络带来的爱情的甜蜜,但更要看到,事实上,大多数网恋是以悲剧收场的。帮助在校大学生挣脱网恋的虚幻世界,一是应开展大学生心理健康教育,为大学生打造一个可以吐露心声的平台,鼓励大学生勇敢地面对现实,不要把追求爱情的希望完全寄托于网络。二是应针对大学生普遍缺乏防范意识的现状,通过一系列真实的案例使大学生认清网恋的虚幻世界,提高大学生的防范意识和警惕性。三是举办丰富多彩的校园活动,让大学生感受到大学校园的温馨气氛。宿舍与宿舍之间、班与班之间、院系之间可以定期举办联谊活动,通过联谊活动帮助学生打开在现实中封闭的心灵,摆脱"虚拟时空"的束缚。总之,要让大学生明白"网恋"之所以吸引人是因为它披着一层美丽的面纱,一旦揭开这层面纱其内心的丑陋就会暴露无遗,所以大学生应该远离网恋,远离虚幻,远离虚无缥缈的世界。

其次,帮助大学生学会辨析网络虚假信息。互联网是容量无限的资源库,网络信息浩如烟海。高校没有办法强求每一个网站都提供真实可靠的信息,但可以帮助学生辨别失实的网络信息。一是高校思想政治工作者应该加强对大学生的网络思想教育,教育大学生用马克思主义的世界观和方法论认识世界,坚决抵制不法分子在网上发布的反动信息,防止他们被互联网上的虚假信息所迷惑。二是让学生了解网络上常见虚假信息的类型及其各自的特点。虚假信息,如假广告、过分夸张的商业宣传、虚假的科技信息、虚假的新闻等,大部分都配有利用多媒体技术制作的夸张的照片,并没有明确的发布源和信息链接源,与正常的报刊、媒体也有明显信息不符之处。通过对虚假信息的介绍让学生提高鉴别力,帮助其正确对待处理不同的信息。三是揭示虚假信息的危害性,鼓励学生大胆揭露虚假信息。辅导员可发动学生成立打击虚假信息小组,利用课余时间搜集资料,定期向同学发布一些经常出现虚假信息的、危害性大的网站,帮助学生增强预防能力,抵制诱惑,自觉避开虚假信息,防止上当受骗。四是学校应出台相关措施,加大管理力度,杜绝学生在网上发布虚假信息,倡导学生文明上网。如有违反规定在网上发布失实信息者,除适当处罚之外,还要对其进行说服教育,避免类似事件再次发生。帮助大学生辨析失实的网络信息是价值观教育的艰巨任务,辅导员需要发挥引导作用;大学生需要从自身做起,律人律己;学校需要协同各类社会性网站做好网络环境与网络信息的综合治理。

再次,切断网络诈骗的渠道。互联网时代,网络诈骗是一大公害。每年总一些大学生尤其是大学新生遭遇网络诈骗,轻者被骗钱财,重者因此抑郁或引发其他连锁反应,甚至家破人亡。骗子的伎俩并不高超,只不过是利用了个别大学生爱贪小便宜的心理,将受骗者引入一个进退维谷的境地。要让大学生避免落入网络诈骗的陷阱,国家层面需要对网络诈骗给予法律制裁,大学生自身则需要用理智打造利剑,斩断网络诈骗的黑手。大学生之所以屡屡受骗就是因为无法左右自己的意识,简单地说就是自控力不强。据了解,80%以上的受骗者都称自己自制力较差,抵制不住网络上的花言巧语。互联网时代,大学生不可能置身网络之外,但是应当把理智作为对付网络诈骗的利剑,让网络诈骗的黑手无可乘之机。

最后,消除上网引发的人际冲突。互联网改变了人们传统的交流方式,使人与人之间通过互联网这一既具有开放性又兼具私密性的虚拟空间,既能够自主选择交往对象、交往时间,又能够随意选择交往方式、交往内容。网络具有隐秘性特点,有的人在网上放纵自己,为所欲为,无所顾忌,言语伤人;有的人线上和线下扮演着不同的角色,甚至存在严重的角色冲突,这些人很容易出现多重人格障碍,甚至陷入心理危机;有的人将现实中的怨气发泄在网络上,使网络充斥污言秽语,乌烟瘴气;有的人分不清网络与现实,把网上的坏习惯带到现实中,造成人际交往危机,引发大量人际冲突。正因如此,有人将网络交流工具形容成"垃圾桶"。面对这些问题,高校应采取措施,引导大学生正确上网、文明上网,消除上网引发的人际冲突。要教育大学生遵守网络法律法规和网络伦理道德,避免网上越轨行为和道德失范现象,在自由畅行互联网空间时不伤害其他网民。要加强涉网人际交往心理学研究,通过互联网普及心理健康知识,开展在线心理咨询,防范大学生因网上人际冲突而产生严重的心理问题。要鼓励大学生将现实生活中的合作精神和奉献精神延伸到"网络虚拟社会环境",在网络多重社会角色、多维社会关系中呈现新时代大学生的健全人格和高尚情操,在互联网空间立体化的虚拟人际交往中善意沟通、和谐相处。总之,上网引发人际冲突产生的负面影响给大学生价值观教育带来了挑战,高校既要制定校规校纪约束规范学生的行为,又要采取教育帮扶措施,建设"网络文明工程",净化校园网络灵魂,让校园的网络天空一片蔚蓝。

(七)扩展学生工作载体,运用网络开展工作

网络为大学生价值观教育提供了新载体,也为更宽广意义上的高校学生管理工作提供了新平台,为高校"管理育人"开拓了新境界。高校学生教育与管理工作因互联网而创新发展,也因互联网而面对挑战。

在网络时代,高校团学工作应坚持"积极发展、稳步提高、加强管理、趋利避害、为我所用"的方针,充分利用网络资源,加强大学生价值观教育。

首先,新时代团学工作应与网络方式相结合。网络教育是教育者利用网络技术和网络平台,引导教育对象在网上获取信息、学习知识、增强意识的过程。大学生价值观教育与网络教育相结合,要求高校思想政治工作者在继承和发扬传统价值观教育的基础上,充分发挥网络的创新功能和先进技术,提升大学生价值观教育的吸引力与实效性。

其次,新时代团学工作应在网络中更好地实现教育性、服务性、娱乐性的充分结合。网络时代的团学工作仍然必须以教育为主,通过理论学习、社会实践、网上党校、时事政策、共同讨论等方式,增强网络价值观教育内容的纯洁性和教育性。与此同时,也要通过互联网在常规教育中增加一定的服务性、娱乐性内容,拉近与学生的距离,增强网络价值观教育对大学生的吸引力。

最后,高校应推动价值观教育工作与网络之间的双向互动。一方面,高校思想政治工作者通过建设价值观教育主题网站以及各种新媒体平台,推动互联网"价值观教育化";另一方面,网络资源的丰富性又在潜移默化之中推动了团学工作不断从制度、观念、思路、方法上完善,推动大学生价值观教育信息化、时代化、现代化。高校在通过网络开展工作的同时,更应该真正想同学之所想,急同学之所急,扎扎实实做好各项工作,本着"提高素质,优化结构,主动建设,相对稳定"的宗旨,抓紧培养和造就一支既懂价值观教育又懂网络技术的新型政工队伍,努力建设好"绿色校园网络"。

在互联网时代,网络价值观教育深深嵌入大学生公寓日常管理中。一方面,公寓日常管理需要借助互联网作为管理平台或管理工具;另一方面,公寓日常管理也需要特别关注大学生在公寓里的网络生活。把学生公寓建设的内容和现代化的教育手段相结合,通过网络加强学生与管理方的双向沟通,是高校管理育人的新内容。

首先,借助互联网智能化管理大学生公寓。日新月异的网络信息技术为创新公寓管理手段和管理方法、建立智能化公寓管理模式提供了可能。通过网络智能化公寓管理模式,既能减轻公寓管理人员的工作量,又能提高公寓管理服务工作的精准度,有利于杜绝外来人员进入大学生公寓、减少大学生公寓生活的安全隐患;借助互联网,高校还可以进行公寓管理流程、标准、样板的宣传,使学生很方便地在网络上直观地看到学校的相关管理要求;可以在网上建立"宿舍园地",开设"网上宿舍文化""温馨家园""宿舍命名""宿舍热点大讨论""宿舍管理有问必答""意见反馈""优秀公寓管理员网上评选"等栏目,充分发挥学生的集体创造力,增强学生集体凝聚力。

其次,在大学生公寓建设网络价值观教育阵地,贴近大学生在公寓中的网络生活、网络交往开展价值观教育。可以针对公寓中违反社会公德等现象,建立网络公德论坛;可以利用网络空间的匿名性,打破不同性别、不同年级、不同专业、不同宿舍之间学生的交流界限,消除不同群体学生之间的交流障碍,全面提高学生的交际交往能力、交流沟通能力,使大家在思维、阅历、经验、专长等方面相互借鉴、相互学习、共同提高。

再次,充分利用公寓中的网络阵地,弥补课堂教学中价值观教育的不足,更好地推动大学生价值观教育生活化。通过公寓网络与校园教学网络相链接,学生可以在公寓内合适的时间段自由选择感兴趣的精品课程进行网上听课,聆听名师教诲。

总之,智能化、网络化公寓社区的建立,将把学生公寓的安全管理、大学生的日常学习和价值观教育提升到一个全新的层面。

互联网深度融入大学生的日常学习与生活,也为大学生社团拓展自身发展空间、渗透价值观教育提供了机遇。

首先,大学生社团要善于利用网络扩大在大学生中的影响力,增强对大学生的吸引力。通过社团网站,可以让每个成员都感受到自己对社团的重要性,减弱被"边缘化"的失落感。

其次,大学生社团要善于利用网络加强自我宣传与推介,拓展自身发展空间。学术型社团可以通过互联网寻找合作伙伴,与其他社团开展网上交流,开阔视野,激发创造力,增强研究能力。志愿性组织可以通过各种门户网站或新媒体推介本志愿性组织,展示服务目标、服务范围、服务计划,并通过门户网站、政府网站、社区网站等了解社会各界对志愿服务活动的需要。

最后,可以利用互联网改善大学生社团管理,创建大学生精品社团。高校要鼓励大学生社团建立专属主题网站、微信公众号、微信群、QQ群,建设展示社团简介、社团活动、社团成员形象、社团成员作品的互联网平台,营造社团成员沟通交流的互联网空间。有了这些互联网平台,同学们可以随时在线查看社团资料,社团成员可以在线参与社团活动、对社团活动进行在线监督,社团指导教师也可以在线指导、评估大学生社团活动。

总之,促进网络与团学工作、公寓工作以及社团工作的互动,既能推动团学工作、公寓工作与社团工作创新,也能使网上内容更加丰富多彩,形式更加引人入胜,增强大学生价值观教育的实效性。

第六章　大学生价值观教育的社团载体

大学生社团是大学校园中具有共同兴趣爱好的青年学生按照一定的章程自愿成立、共同活动的学生组织。大学生社团有利于活跃校园文化氛围、促进大学生成长成才,是大学生价值观教育的重要载体,在高校思想政治工作体系中居于重要地位。在大学生价值观教育视域下,要深刻认识社团载体建设的重大意义,坚持寓价值观教育于社团活动之中,通过丰富多彩、积极向上的社团活动,促进大学生德智体美劳全面发展。

一、社团对大学生的多样化影响

社团是高校课堂的延伸,社团活动深刻影响着大学生价值观念的形成和发展。深入研究各类社团活动对大学生思想观念的影响,把握社团活动影响大学生价值观的特点与规律,充分发挥社团载体在大学生价值观教育中的重要作用,是高校思想政治工作的重要任务。

(一)社团活动对大学生综合素质的影响

社团活动有助于大学生从课堂中解放出来,开阔视野,拓宽知识,锻炼能力。社团活动在拓展大学生文体素质、活跃大学生业余生活、展示学生才华、提高大学生实践能力、培养大学生人际交往能力发挥着重要的作用,对于促进大学生专业学习也能发挥一定的作用。

高校学生社团类型多样,有广阔的活动空间和丰富的活动内容,吸引了大批学生的热情参与。在这片宽阔的舞台上,大学生可以根据自己的兴趣爱好,以最大限度地锻炼自己的能力为目的,以积极入世的态度参与各项活动,充分施展自己的才华,得到老师、同学和社会各界的肯定和赞赏,树立起当代大学生健康向上的良好形象。例如,山东师范大学"飞扬艺术团",通过在校内外举办各类大小型文艺演出,使社团成员在人际交往能力、组织协调能力、社会实践能力等方面得到了很好的锻炼和提高,强化了成员的合作意识、竞争意识、参与意识和主体意识。"飞扬艺术团"成员每年都要在指导教师的带领下到农村进行"三下乡"活动。这项活动需要联系下乡的目的地，明确观众类型，准备好当地群众所喜爱的节目，选择最合适的演出场地，布置舞台，并与有关部门协调艺术团的接待安置问题。社团成员通过这一系列的实践活动，切切实实地锻炼了自己，提高了能力，获得了日后踏上社会所需要的宝贵财富。

当前，随着教育改革的深入和科学技术的进步，高校学生社团呈现出载体网络化、活动多元化、交往扩大化等趋势，在大学生由"学校人"向"社会人"转型中发挥着重要作用。相关调查和访谈显示，以社会实践为导向的社团在大学生中最受欢迎。这不仅因为它能为其成员提供更多接触社会的机会，更是因为它对于提高成员的综合能力有着比其他类型社团更为显著的效果。因此，充分认识社会实践型社团对大学生的影响，认真研究此类社团的发展前景，是值得广大教育工作者密切关注的课题。

（二）社团活动对繁荣大学校园文化的影响

社团活动是活跃在大学校园的靓丽风景。高校社团类型千差万别，但都是大学校园文化的重要组成部分，都从不同角度体现着一所高校的文化特质。在一定意义上，一所高校的校园文化有什么样的倾向，就会孕育出什么样的大学生社团，并经由这样的社团塑造出具有特定文化品格的大学生。大学生社团和高校校园文化之间的这种辩证关系，使我们不能忽视社团活动对繁荣校园文化、促进校风建设等方面所存在的重要影响。

首先，大学生社团是高校校园文化生机和活力之源。据调查，多数大学生认为社团活动对于活跃学生业余生活起了"很大作用"。大多数同学还表示，大学生活异于中学生活，如果要想毕业后迅速适应社会、融入社会，就必须改变"两耳不闻窗外事，一心只读圣贤书"的保守观念，以全新的姿态投入到各类校园文化活动中，砥砺自己，提高自己，使自己成为一名综合素质较高的人才，否则，就会被时代潮流淹没掉，成为郁郁不得志的可怜虫。这反映出当代大学生具有积极的价值取向。

其次，社团通过形式多样、健康有益的活动，使学生进行自我教育、自我管理、自我服务，对包括校风建设在内的高校精神文明建设起到推动作用。

例如,在某社团组织的"长征组歌"演唱晚会中,演唱者通过表演,强烈地感受到了歌词和旋律带给自己的震撼,在内心激起了高涨的爱国热情以及对母校的深情眷恋,从而树立起以校为荣、自觉遵纪守法的良好精神风貌,对于校风建设起到了积极的影响。

(三)社团活动对大学生专业学习的影响

社团活动把大学生从课堂中解放出来,并不等于与专业学习毫无瓜葛。相反,大学生社团活动能够推动大学生积极学习专业知识。

首先,专业性社团是大学生共同学习交流专业知识的重要平台。目前,很多高校都根据本校特点组建了多种多样的专业社团,例如在山东师范大学,文学院有"拓荒者"文学社,地理与环境学院有"地理学会",体育学院有"健身协会"等等,这些都是大学生在课堂教学之外学习自己感兴趣的相关专业知识的重要社团。通过论坛讲学、作品交流、实际考察等活动,社团成员学到了更多与专业知识相关的东西,并把学习书本知识和投身社会实践统一起来,强化了专业功底,为成长为能够独当一面的专门人才打下了坚实的基础。相关调查表明,与专业相关的学术学习型社团是最受大学生欢迎的社团类型之一,其受欢迎程度仅次于社会实践型社团,反映出大学生以学习为己任的主流意识依然占据主导地位。

其次,那些不具有明显专业色彩的社团也是大学生拓宽视野、提升综合素质的重要平台。非专业性社团通过各种活动培养大学生的情趣,陶冶大学生的情操,使大学生保持良好的心理状态,这种积极的心理状态会促进大学生对专业的学习。各类社团活动"百花齐放",能够感化和引导少数性格内向和有心理问题的学生,使他们自觉地参加到集体中来,促进其身心健康发展,为专业知识学习创造条件。在调查和访谈中我们发现,许多学生在参加社团活动后心理上找到了归属感,但也有相当一部分学生认为社团活动加重了他们的失落感,甚至"难以判断"自己的心理感受,反映出社团活动在对学生进行的心理引导方面还存在很大的发展余地。

二、大学生对社团活动的多样化期望

社团向来在大学生中有数量众多的拥护者、参与者。多年来,高校丰富多彩的社团活动吸引了大学生踊跃参与其中,形成了各类大学生社团蓬勃发展、百家争鸣的局面。大学生普遍认为社团能够丰富他们的大学生活、促进他们成长,他们对社团与社团活动充满多样化的期待。

(一)大学生对社团负责人和成员的期望

影响社团成败的因素有很多,其中最关键的因素是人。社团负责人及其所带领的管理队伍的综合素质、社团成员对社团定位的兴趣及其参与社团活动的积极性,对社团的生存与发展都是至关重要的。经验证明,那些失败的社团,社团负责人普遍综合素质较低、责任心较弱,社团成员参加社团活动的积极性普遍较低。相比之下,那些成功的社团,社团负责人普遍综合素质较高、责任心较强,社团成员参加社团活动的积极性普遍较高。正因如此,关心社团工作的大学生普遍认为,要繁荣新时代大学生社团活动,要重点做好社团负责人和社团成员的工作。

大学生期望能有综合素质较高的人担任社团负责人。他们认为,既然社团负责人的综合素质和责任心是攸关社团成败最主要的因素之一,那么,学校相关部门(主要是团委)就要高度重视社团负责人的遴选与培养,选拔那些综合素质较高的大学生担任社团负责人,并通过相关培训进一步提高他们的综合素质,尤其是组织协调社团工作、推动社团可持续发展的能力。社团负责人是社团工作的"领头羊",他们要组织管理好社团,顺利开展社团活动,就需要较强的沟通交往能力和活动组织能力。社团负责人要处理好专业学习与社团管理的关系,将两者结合起来,使二者相辅相成、相得益彰,而不是相互排斥、相互干扰。社团负责人应具有敏锐的创新精神。创新是社团繁荣的动力,社团负责人只有结合国内外、校内外发展形势,不断创新社团活动的内容、载体、途径和方法,才能赢得广大社团成员对社团的支持和拥护,实现可持续发展。社团负责人一方面需要发扬敢闯敢试的精神,面对社团发展中的困难与问题,"摸着石头过河"、寻找对策;另一方面要发扬善于学习的作风,面对社团发展中的普遍性问题,学习其他社团的成功经验、为我所用。社团负责人应该视野开阔、知识丰富。来自不同学科和专业的大学生汇聚在同一个社团,各有特点与优势,有的专业能力和综合素质不亚于社团负责人。社团负责人只有谦虚好学,涉猎广泛,博学多才,才能赢得社团成员的认可与拥护。社团成员普遍认为,作为领头羊的社团负责人只有以身作则、做好表率,才能够凝聚全体社团成员推动社团可持续发展。社团负责人要牢固树立为全体社团成员服务的意识。社团是大学生基于共同的兴趣爱好而自发组成的群众性组织,具有鲜明的自我教育、自我管理和自我服务特色。它没有校方主管部门赋予的"权威",不能依靠"权威"组织开展工作;也没有学校拨付充足的经费,所以也不能依靠物质激励开展活动。因此,做好社团工作的唯一途径就是千方百计为社团成员服务,通过为社团成员提供高质量的服务赢得师生的信任和支持,增强社团的吸引力和凝聚力。

大学生社团是社团成员基于共同的爱好和平等的地位而进行合作与竞争的平台。在这里,没有特权,没有等级制度,大家因爱好相聚,因平等而和谐,因合作而共生。每一个社团成员自由自觉的参与是社团存在与发展的前提,这正是社团成员之于社团的价值与意义。只有当社团成员意识到这一点时,他们才能充满热情,积极参与社团活动。为了达此目标,我们需要在很多方面共同努力,比如:学校要为社团提供必要的活动场地,并为社团提供必要的资金支持;社团负责人应平等对待每一位会员,与他们融洽相处;社团组织开展各类活动时,要抓住社团成员的兴趣点、关注点,贴近社团成员的学习、生活和思想实际,有利于社团成员扬长避短、展示自我,能够帮助社团成员解决实际问题、提高综合素质。

(二)大学生对社团组织管理的期望

社团组织管理体系是否科学,攸关社团的发展状况甚至"生死存亡"。因此,大学生在选择社团时,也会关注到社团的组织管理状况。这一点,从学校主管部门(一般是校团委及其指导下的学生会社团部)对社团的评价就能反映出来。而学校主管部门评价社团的依据首先是看这些社团是否能够遵守学校社团管理规章制度。通常情况下,大学生社团无论是申请成立,还是组织社团活动,都应当符合学校关于社团管理的相关规章制度。只有遵守学校的社团管理规章制度,大学生社团才能得到学校批准成立并开展系列社团活动,也只有遵守学校的社团管理规章制度,大学生社团才能带领社团成员沿着正确的方向活动,不至于误导社团成员,耽误他们的成长与发展。正因如此,理性的大学生在选择参加哪家社团时,会考察社团的组织管理状况,避免误入那些组织管理混乱甚至是违反学校管理制度被学校通报批评或警示的社团。加入社团的大学生,也期望学校主管部门加强对社团的管理、监督和指导,避免个别社团违反国家的法律法规、学校的规章制度或社会的伦理道德,在社团活动中传播错误的思想、观点和言论,影响广大社团成员的健康成长。

大学生希望学校能帮助社团解决更多的活动经费。大学生社团是非营利组织,没有一定的经费支持,很难正常开展活动。大多数高校学生社团仅仅通过学校和社会的少量资助,还无法满足发展的需要,因此不少社团会以向社团成员收费的方式维持社团的正常运作。大部分同学理解社团收费,但不赞同过多收费,并认为应加强社团经费管理。

大学生希望自己参加的社团能够加强内部制度建设。没有健全的制度体系,一个社团就很难取得成功。社团组织活动必须遵循一定的规则与流程。大学生社团在建章立制时,不仅要与学校社团管理的规章制度相对接,还要适合本社团的实际,将相关规章制度具体化。比如,明确规定社团经费筹措与使用办法、社团管理团队换届办法、社团负责人产生办法等,特别是要建立社团内部监督约束机制,对全体社团成员特别是社团负责人的行为进行监督和约束,最大限度地减少可能的负面影响。

(三)大学生对社团数量和质量的期望

多年来,大多数高校都保有数量可观的大学生社团,在文化、艺术、体育、科技、实践等不同的领域补充着课堂教学的不足,在课外时间满足着大学生的广泛需求。然而,有些社团的质量却不尽如人意,有的甚至令大学生失望。总的看来,在数量众多的大学生社团中,缺少定位高、影响力大、成绩突出的精品社团,缺少内容丰富、形式多样、既有很强吸引力又有很强思想性的高质量社团活动。社团活动与团委、学生会直接组织的其他校园文化活动相比不仅没有优势,有时还因为在经费投入、学生动员等方面缺少学校的直接支持,存在一定的劣势。大学生之所以参加社团,目的是在丰富多彩的社团活动中扩大交往范围、充实大学生活、提高综合素质、促进个人成长。但度过大学一年级的"社团"迷恋期后,有的大学生会感觉高校社团多而不精,有的社团"半死不活";有的大学生会觉得自己参加的社团活动过多、过滥或单调乏味。面对这些问题,高校只有加强对大学生社团的管理与引导,控制社团数量、提高社团活动的质量,才能增强社团对大学生的凝聚力与吸引力,提高大学生对社团活动的关注度与参与度,使社团活动真正成为大学生价值观教育的有效途径。

三、大学生价值观教育视域中社团载体建构的意义

大学生经历高考竞争进入高校后,本能地渴望缓解压力、结交朋友、了解新知、展示自我。社团活动有利于拓展大学生的知识面,培养大学生的交往能力与组织管理能力,陶冶大学生的情操,提高大学生的思想修养,修正大学生的价值观,能够增强大学生的自尊心、自信心、归属感和成就感。在大学生价值观教育视域中,社团是大学生心理健康的"保健院"、素质提高的"训练所"、走向社会的"缓冲带"、价值观念的"晴雨表",具有重要德育意义。

(一)社团是大学生心理健康的"保健院"

在新时代,有的城市生源大学生是独生子女,直到中学毕业才离开父母;有的农村生源大学生从小是留守儿童,与父母聚少离多。他们的成长背景虽然有很大差异,但都有较强的自尊心和比较脆弱的心理。高考后,一些学生发现自己很难适应新的生活和学习方式。面对学习与生活中的不如意,有的大学生自尊心受损,感到自卑。而活动丰富多彩的社团可以为大学生展示自我提供广阔的舞台。从这个意义上说,社团是大学生心理健康的"保健院""疗养院"。在各种类型的社团活动中,大学生可以尽情展示自己的特长和优势,从而找到自信,维护自尊,健康成长。

事实上,一些大学生社团已经成为大学生敞开心扉、沟通交流的重要平台,发挥了大学生心理健康"保健院""疗养院"的功能。例如,参加演讲协会后,性格内向、沉默寡言的同学变得活泼起来;不善交际、语言表达能力欠佳的同学沟通能力得到提升。一些社团为有特长的同学提供了展示特长、表现自我的舞台,提高了他们的自信。还有的社团以自主、新颖、多彩的活动,让同学们在对知识的求索中获得满足感,使他们的心理压力一定程度上得

到缓解和消除,形成正确的自我意识,正确认识自身的能力特点、认识自己的理想和专业、认识自己的优势与不足。

(二)社团是大学生素质提高的"训练所"

就业形势越严峻,对大学生素质的要求就越高,这使得一部分大学生心理上压力很大。有些从业素质是从教材和课堂上学不来的,相比之下,创办、参与多种多样的大学生社团,则能直接锻炼学生的组织管理能力与交往沟通能力,提高运用各种专业知识的素质,这为他们选择心仪的职业增加了更多的筹码和机会,相对也使就业的压力得到缓解。从这个角度来看,社团是高校实施素质教育、提高大学生就业素质的"训练所",是缓解大学生就业竞争带来的心理压力的"减压阀"。社团活动不仅有利于活跃校园文化氛围、改善大学生心理健康,而且有利于提高大学生综合素质和社会适应能力、促进大学生就业。

(三)社团是大学生走向社会的"缓冲带"

开放包容的多元社会环境既充满着机会,也充满着诱惑。大学生无法逃避社会,他们迟早要走向社会。在大学生从大学的"象牙塔"走向广阔的社会环境的过程中,需要积累一定的社会经验,做好一定的心理准备,否则就有可能既无法抓住机会又无法抵御社会诱惑。而社团活动对于大学生积累社会经验、做好心理准备具有非常重要的意义。大多数社团组织都是由大学生自己建立和维持的。他们扎根在相对纯洁的大学中,但组织结构和运作模式又具有半社会性质。一些社团组织甚至把活动范围延伸到社会生活的某些领域,通过组织丰富多彩的社团活动模拟社会生活,培养大学生的社会生活能力。可见,在大学生从"学校人"变为"社会人"的过程中,社团发挥着"缓冲带"的功能。

(四)社团是大学生价值观念的"晴雨表"

在一定意义上,社团是大学生精神家园的建构基地,社团活动是大学生价值观念的"晴雨表"。社团和社团活动既体现着大学精神,也创造和渲染着高校的文化氛围,是大学生价值观教育的重要载体,是高校思想政治教育的重要组成部分。大学生在社团活动中思想沟通多、真实想法多、情绪波动多,做好对社团的管理与引导,培养好社团组织负责人,组织开展好社团活动,才能引领社团成员价值观念健康发展。多年来,高校思想政治教育工作者以社团及其成员为"磁场中心",在指导大学生社团工作中推动大学生价值观教育深入发展,积累了宝贵的经验。

四、大学生价值观教育视域中社团载体建构的挑战

近年来,雨后春笋般闪亮登场的各类大学生社团蓬勃发展,助力大学生价值观教育,推动了大学生的成长成才,但也面临着挑战。有的社团在指导思想上缺乏理性,内部管理不善。有的社团组织的社团活动质量不高,在活动内容上缺乏创新性,在活动组织上缺乏规范性。有的社团在成立之初热闹非凡,人满为患,但到后来人员所剩无几,很难开展活动,以致最后不得不解散。有的社团甚至固执己见,与学校主管部门及其他社团发生冲突,产生内耗。从宏观管理看,有的高校的社团低水平重复建设,良莠不齐,难以承担起大学生价值观教育载体的重任。

(一)大学生社团指导思想存在的问题

优秀的社团之所以能培养和造就具有崇高理想和创新思想的有为青年,根本原因在于这些社团具有先进思想的指导。社团应当遵循"理解大学生、关心大学生、尊重大学生"的原则规划、组织社团活动,这样才能增强对大学生的吸引力;但同时还应当遵循"教育大学生、培养大学生、改造大学生"的原则将价值观教育渗透进社团活动中,否则就有可能偏离党和国家的教育方针,与高校人才培养目标脱节。有的社团出现一系列问题,关键在于其指导思想出现了问题,无法引领这些社团的发展。

在实践中,一些大学生社团意识不到自身应有的价值观教育责任,片面追逐趣味性、娱乐性活动,甚至组织开展一些低俗活动,冲淡了社团的育人功能,削弱了社团活动引领大学生价值观的作用。此外,改革开放以来,"四个多样化"不仅深刻影响着人们的价值观念和思维方式,也深刻影响着大学生社团的组织与运行。作为可以投放广告的重要渠道,大学生社团受到越来越多企业的关注。一些大学生社团,顺势借用商业化、社会化模式组织开展社团活动,收取企业的赞助费、广告费补充社团活动经费。这样的行为本身无可厚非,但如果社团活动完全蜕变为企业的宣传活动或商业推广活动,

就有可能对大学生价值观教育造成负面影响。

在实践中,也有的大学生社团面临着自我发展指导思想模糊的挑战。大学生社团是大学生自我锻炼、自我发展、自我完善的群众性团体,是大学生由"学校人"向"社会人"转变的中介和纽带。然而,从组织类型、活动模式和活动范围来看,目前大学生社团普遍存在以下不足:一是有的大学生社团缺乏社会敏感性,不具有前瞻性,跟不上社会趋势和时代潮流;二是有的大学生社团活动范围局限于高校内部,与社会脱节;三是有的大学生社团孤芳自赏,满足于社团内部的自娱自乐,不与其他社团交流、沟通。这些现象都不利于大学生的"社会化"。

(二)大学生社团组织管理存在的问题

大学生社团是经高校内设主管部门批准,由大学生自发组织的群众性组织。大学生社团的发起人出于个人兴趣爱好,以强烈的愿望和高度的热情,自愿承担社团的发起和内部管理工作。大学生则基于共同或相似的兴趣和爱好,在相互认同的基础上自愿加入一个社团。面对大学生社团林林总总的情况,高校往往将校内所有的社团统归到学生会社团部,由学生会(社团联合会)代为管理。这种模式虽然有利于大学生"自我管理",但由于学生会(社团联合会)成员对社团管理规律的认识参差不齐,在具体管理过程中也可能存在管理不到位或者管理过度的缺陷。受学生会(社团联合会)管理制度和社团内部管理制度的综合影响,大学生社团呈现出两极分化的状态。有的社团不仅不能发展壮大,发展空间还有可能日益缩小,社团活动难以维持,逐渐失去了对大学生的吸引力。

与数量不断增多、新型社团不断涌现的大学生社团发展现状相比,一些高校在社团管理机制建设上相对滞后。由于大学生社团数目多、活动多,摊子铺得大,本已肩负巨大工作量的学校主管部门,无力对所有社团的所有活动进行全程、全方位指导。指导老师亲自参加社团活动的次数不多,出主意、出点子少,基本上放任社团自由发展。他们对社团日常管理工作、社团活动策划与实施、社团经费筹集与使用以及社团负责人尽职履责等情况缺乏必要的监督,难以及时发现社团运行的问题并督促、指导社团纠正问题。学校未建立必要的社团工作激励机制,未能像对待其他领域取得显著成绩的集体和个人那样,大力宣传、表彰和奖励先进社团、优秀社团工作者和优秀社团成员,不利于激发大学生参加社团、参与社团活动的积极性,这在一定程度上影响了大学生社团的发展。在一些高校,与大学生社团工作密切相关的团委、学生会以及党委宣传部等部门,在繁忙的日常工作中忽视了对大学生社团工作的关心、支持与指导,注意不到大学生社团发展中存在的问题、面临的困难。在一些高校的社团工作中,负责人的选拔聘用、管理制度的建立健全、社团活动的监督评估等关键环节处于失控状态,当发现一些社团存在问题时为时已晚。

内部管理不善是一些大学生社团的软肋。在实践中,有的大学生社团没有完善的社团章程与社团管理制度;有的大学生社团日常运行不照章办事,实践与制度是"两张皮";有的大学生社团组织机构不健全,社团管理团队不稳定,内部分工不明确;有的大学生社团在活动策划与组织、资金筹集与使用、会员表彰与奖励、保管社团材料与档案等方面比较混乱。社团内部管理混乱会直接导致社团活动准备不足、过程混乱、结果失败,久而久之,会影响社团声誉,挫伤社团成员的积极性,打击社团成员参加活动的热情,削弱成员对社团的信心,使社团变为一盘散沙。

(三)大学生社团运行过程存在的问题

一方面,有的社团在组织活动时缺乏统筹规划、有序规范,高水平、高质量社团活动比例较低,制约了社团价值观教育功能的发挥。虽然大学生社团按学校的管理要求一般都会聘请指导教师,但大多数指导教师本身有繁重的教学科研任务,无暇顾及对大学生社团的指导,这也是许多大学生社团专业性水平较低的原因。在实践中,有的社团负责人照搬自己在中学时参加社团工作的经验,社团的形式、内容等与大学生的思想心理不匹配,对大学生的吸引力不大。还有的大学生社团本末倒置,脱离社团性质和定位举办活动,但在业务范围内没多少建树。

另一方面,有的大学生社团过于追求活动主题的宏大,倾向于活动过程的轰轰烈烈,热衷于做表面文章,但活动结束后不注意总结评估活动成效,未能充分挖掘活动的价值。社团活动是体现社团重要作用的工具和载体,以活动质量优劣评价社团本来无可厚非。但个别社团片面追求活动层次,曲解质量含义,脱离大学生实际搞"精品活动",投入较大、耗时较长,同类活动重复建设,表面上看轰轰烈烈,实质上对大学生思想观念、专业素质、综合能力的提高并未起到多少作用。

有的大学生处理不好学习与社团活动之间的关系。大学生社团是校园文化建设的生力军,社团活动是增强高校凝聚力的有效途径,是弥补课堂教学不足的有效形式,是展示学子风采的理想平台。但有的社团为了追求活动的所谓时效性、焦点性,抽调大量社团成员放弃上课时间参与活动,学校也对此默许。甚至,个别社团干部经常性地旷课搞活动,无暇顾及学习,学业与社团活动本末倒置。

五、大学生价值观教育视域中社团载体建构的路径

社团活动是大学生思想观念发展演变的重要影响因素。有的高校对这个问题思想认识不到位,未能充分发挥社团的价值观教育功能。在大学生价值观教育视域中,亟须加强对社团的指导,推动社团载体创新。

(一)创新社团指导思想

高校要引导学生深刻认识参加社团活动对自身的价值与意义,参加契合自身爱好兴趣、有利于扬长补短的社团;深刻认识社团建设对高校立德树人的价值与意义,为提高校园文化品位、实现学校教育与社会生活的有机衔接、推进大学生价值观教育发挥更大的作用。

贴近学生,从价值观教育角度加强对社团使命、组织管理、运作模式的引导,拓展社团建设的内涵和外延。要把社团从传统的第二课堂延伸到高校育人全过程,把社团建设成为促进专业学习的平台、培养创新精神的高地、锻炼实践能力的载体、养成价值观念的阵地。要以社团连接高校育人全过程,覆盖大学生课余生活,建构高水平校园文化。要将专业学习、学术科研、价值观教育、校园文化营造等功能融入大学生社团建设,为培养适应时代需求的高素质人才做出自己的积极贡献。

高校主管部门对社团工作既要管理到位,又要避免指手画脚。要敢于让学生做社团的主人,做社团活动的主角,在活动中得到锻炼、受到教育。要培养学生的自我管理意识,引导社团骨干深入把握社团发展规律,加强社

团民主管理,改进社团活动方式,扩展社团的覆盖面,树立社团品牌形象。要鼓励、支持学生社团走向社会,在服务社会和社会实践中发展壮大、提高影响力、提升成员的思想政治素质和实践能力。

(二)创新社团组织管理模式

要在高校思想政治工作体系建设视域下创新社团工作管理模式,完善社团的价值观教育功能。要以激发社团成员创造力和积极性为重点,深入研究社团运作与社团活力之间的关系,创新社团工作管理制度。要积极配合课堂教学、校园文化建设和社会实践中的价值观教育,创新社团工作管理模式,建设好大学生价值观教育的社团载体。要积极为社团配备专门的指导教师,利用指导老师的专业素养引导大学生深化对社团的理解,提高大学生参加社团的积极性。同时,向大学生社团分类配置办公环境、活动场所和工作设备,方便社团创新管理模式与活动途径。

要按照"共建共享"的原则构建大学生社团的"协同创新"机制。社团之间分享成功经验,分析失败教训,对于社团建设可以起到事半功倍的效果。目前,高校承担这项职能的主要是"社团联合会"。在高校团委指导下,"社团联合会"代表学校登记、注册各类大学生社团,组织各类大学生社团制定社团章程、完善规章制度,监督各类大学生社团的内部管理、活动组织和经费使用。大学生社团还应该加强校际交流和沟通,实现资源共享,扩大社员视野和活动范围,推动社团良性发展。

(三)创新社团骨干选拔培养机制

大学生社团负责人不仅需要熟悉相关社团业务,更需要有过硬的政治思想素质。高校要采取个人自荐、民主推荐、组织考核相结合的方法,选拔真正高素质、有能力的同学担任社团负责人。这是大学生社团健康发展的客观需要,也是加强大学生价值观教育的客观需要。

社团负责人的思想观念会对社团成员的思想观念产生潜移默化的影响,甚至会引领社团成员的思想观念;社团负责人的工作能力则直接影响社团的组织管理,影响社团活动的策划和实施。所以,要加强对大学生社团负责人的思想教育和能力培养。目前在许多高校里,社团骨干游离于学生干部队伍之外,许多在社团工作出色的骨干,无法参加学生干部的培养与评优。这样的学生干部选拔和培养机制做不到兼容并包,不能做到真正的培优、选优,不利于社团骨干的培养。对于社团骨干的选拔和培养,不仅要看他们的思想素质以及符合社团发展要求的综合素质,更应该将他们的选拔标准纳入学生干部的标准和要求体系当中来,使整个学生干部队伍建设走上良性发展轨道。

高校要建立大学生社团负责人的过程管理机制。有的学校对社团放任自流,满足于学年开始、结束时交工作计划、工作总结,而不去做规范的过程管理,致使部分社团无序发展。高校要引导学生社团健康发展,就必须对社团骨干进行过程管理。通过过程管理,劝退那些思想政治素质不过硬、工作能力欠佳的社团负责人,将那些政治素质高、工作能力强的同学不断充实到社团管理队伍中来。

(四)创新社团工作评价体系

首先,要考察、评价社团工作的原则是否科学。一是看是否符合公益性原则。所谓公益性即非营利性,就是说学生社团应遵循非营利性原则,杜绝个别社团打着搞活动的旗号暗中赚钱的不良现象。二是看是否符合务实性原则。就是说社团活动必须求实,力戒虚张声势、不重效果、不计成本、片面追求"轰动效应"等不良倾向。三是看是否符合课余性原则。学生的本职是学习,社团活动只能在课余时间进行,而不能占用正课时间,特殊情况下可利用自习时间处理社团事务,但不宜频繁。

其次,要考察、评价社团工作是否尊重学生主体地位。以前评价社团工作的好与劣,更多注重的是社团的整体发展,对于社团中大学生个体发展关注得比较少,很多情况下大学生个体的突出发展以及显著成果是作为社团整体发展的补充来体现的。新的社团工作评价体系要深入贯彻"以学生为中心"的理念,把能否促进大学生与社团协同发展作为新的评价标准,尊重大学生主体地位,增强大学生主人翁意识,达到最佳教育效果。

再次,要考察、评价社团工作的实绩与生命力。一是看促进校园文化建设的实绩。社团的主要价值是推动校园文化建设,能否推动校园文化建设是衡量社团价值大小、品位高低的首要标准。二是看为大学生提供服务的实绩。谁为同学们提供的服务越多,影响也就越大,就说明谁的地位更高;

谁为同学们解决了更多学习、生活中的难题,就说明谁发挥的作用更大。三是看社团的氛围与"人气"。"人气"是社团成员相见时的笑脸、困境中的问候、胜利后的喜悦,更是和衷共济的祥和景象。"人气"旺盛,大家在一起谈的是创意、想的是创新、干的是创造,社团才能可持续发展。四是看社团的公众形象与社团成员的活跃"周期"。社团出人才、出成果、出形象,才能受同学们欢迎,社团成员才会长期活跃。

最后,要完善对大学生社团负责人和社团骨干的考核、评价制度,让"实干家"得到充分肯定,让沽名钓誉者无法投机。大学生综合测评要求学生德智体各方面都必须达到一定的标准。有的学生为了综合测评加分,同时加入多个社团,但很少参加活动。有些社团负责人竞选的初衷也在于综合测评加分,当选后却不积极开展社团工作。在新的社团评价体系中,应根据参加社团与社团活动的实际表现,将相关的综合测评标准细化。

第七章　大学生价值观教育的公寓载体

随着高校规模的扩大、后勤管理模式的改革,公寓生活对大学生思想观念的影响更为凸显,成为大学生价值观教育的重要载体。教育部等八部门发布的《关于加快构建高校思想政治工作体系的意见》(教思政〔2020〕1号)强调,要"推动'一站式'学生社区建设。依托书院、宿舍等学生生活园区,探索学生组织形式、管理模式、服务机制改革,推进党团组织、管理部门、服务单位等进驻园区开展工作,把校院领导力量、管理力量、服务力量、思政力量压到教育管理服务学生一线,将园区打造成为集学生思想教育、师生交流、文化活动、生活服务于一体的教育生活园地"①。高校要深入落实《意见》精神,增强"三全育人"理念,提高服务育人的自觉性,做好新时代大学生价值观教育公寓载体建设。

一、公寓生活对大学生的多样化影响

大学生在校期间除了在教室学习、餐厅就餐、参加校内外文体活动外,主要是在公寓中度过的。大学生在公寓中度过的时间不仅远远超过餐厅就餐的时间,甚至还会超过在教室中学习的时间。正因如此,公寓不仅是大学生思想交流的空间,也是他们学业进步的基础、文明养成的基地。

(一)公寓是大学生思想交流的空间

大学生每天除了在教室(实验室、图书馆)上课、学习,其余时间活动、交流的主要空间就是公寓。不同年级、不同学院的学生混住在公寓,信息传播的速度更快,思想相互影响的范围更广。"各种信息在这里迅速流传,各种观点在这里迅速形成,各种行为在这里迅速发生。高校一旦对公寓中的学

---

① 中华人民共和国教育部. 教育部等八部门关于加快构建高校思想政治工作体系的意见[EB/OL]. (2020-05-12)[2022-02-11]. http://www.moe.gov.cn/srcsite/A12/moe_1407/s253/202005/t20200511_452697.html.

生群体行为失去控制,极易扰乱学校正常的秩序,进而扰乱社会秩序。"①大学生都喜欢在公寓中聊天,有的大学生宿舍每天晚上都有"卧谈会"。大学生聊天的内容反映大家关注的焦点,讨论的结果影响着大学生思想观念的发展方向甚至学业、职业发展方向。

(二)公寓是大学生学业进步的基础

大学生在公寓中能否休息好,取决于公寓硬件条件、宿舍内部气氛与个人睡眠素质,但能否休息好却直接影响到精力甚至健康,进而影响到学习效果。对于一些高校来说,受办学条件限制,公寓在一定程度上代替了"自习室"的功能,成为大学生"自习"的重要处所。传统观点认为,班级是大学组织与管理的基层单位,是大学生价值观教育最现实的依托。但在新时代大学生看来,价值观教育最现实的依托首先是"公寓"。20世纪末高校扩招以来,一些高校教室、教师等办学资源未能同步增长,出现"大合堂"上课现象。大学生上课时是几个班级在一起,下课后也没有相对固定的自习室,从而导致"班级"观念的淡化,"班级"的价值观教育功能也相对弱化。"无处可去"的大学生往往更加倚重"公寓"这一生活空间,公寓环境、公寓生活对大学生学业进步发挥着越来越重要的作用。

(三)公寓是大学生文明养成的基地

公寓是大学生文明修养的重要阵地,它反映了学校的文明程度和精神面貌。公寓生活从多方面影响着大学生的文明素质的培养。例如,通过将思想政治教育与公寓管理相结合,可以培养大学生的卫生意识、纪律意识、安全意识、团队意识、道德意识、文体素质、实践能力等,还可以促进大学生的心理健康。即使在谈到个别学生颇有微词的"宿舍卫生"时,大家也对其在"大学生文明习惯的养成中的重要性"持高度认同态度。洗衣、提水、打扫卫生等这些基本的"劳动活动"都与公寓生活有关,这些活动体现了大学生的自理能力,也进一步培养着大学生的自理能力。

---

① 李纪岩.当代大学生社会主义核心价值观培育研究[D].济南:山东师范大学,2010:137.

二、大学生对公寓生活的多样化期望

大学生在公寓正常起居、休息、享受着生活的惬意的同时,也对公寓生活充满了更多的期待。他们希望公寓管理与服务更加人性化,公寓文化更加丰富多彩、滋润身心,公寓评价体系更加科学合理、客观公正。

(一)大学生对公寓管理服务的期望

通过访谈,我们了解到,大学生普遍认为现在的公寓管理水平或公寓服务水平"有待改进"。一是公寓管理人员应贴近学生,加强与学生的沟通,与学生搞好关系。二是公寓管理人员应虚心听取学生的合理建议,提高自身素质和管理水平。三是公寓管理不能太死板,应大胆放弃一些不必要的制度与规则,进一步完善各项管理制度,增加一些人性化的管理,给学生一定的自由。四是建设更完善、更先进的公寓服务体系,进一步改善服务质量。五是引导学生加强个人修养、提高思想道德素质,培养团队精神、增强集体荣誉感,重视心理卫生、提高心理素质。总之,大学生认为公寓管理员应主要做好"服务"工作,学生会应主要做好"自我管理"工作,辅导员应主要做好"思想政治教育与心理健康"工作,三者定位准确并相互协调、相互配合,才能取得更好的效果。

(二)大学生对公寓文化建设的期望

当前,许多高校公寓只注意卫生管理、纪律约束,不注意文化建设、内涵拓展,已经到了公寓文化"家徒四壁"的地步。访谈显示,大学生对公寓文化建设充满了期待,而且思路非常开阔。一是学校应进行适当投资,建设公寓娱乐场所与学习场所。一幢公寓应有一个小型"阅览室",每个楼层应有一个娱乐室、一个健身房、一个小型网吧,同时在公寓附近可以建设花园和树林,美化公寓周边环境,在公寓公共空间放置花卉,美化内部环境。二是鼓励学生发挥个性,命名舍名、创作舍歌,装点宿舍、美化宿舍,形成自己的风格。学生宿舍墙体可用一些美丽的图画和高雅的饰物来装饰,宿舍楼道可张贴名人字画、名人名言、名人画像,悬挂警示语及文化海报。三是通过举办公寓文化周、公寓文化节等活动,组织学生开展有意义的文体活动。通过开展宿舍歌手大赛、征文比赛、手工艺品比赛和各种以宿舍为单位的体育比赛,在文化体育交流中促进公寓文化建设。四是设立宣传栏,创办舍报,安装公寓广播,在公寓中宣传形势政策,弘扬民族精神,播放积极向上的信息,激发学生生活志趣,传播安全知识,培养学生的文明意识,鼓励学生养成良好的学习、生活习惯。此外,还有学生提出了"人性化、现代化、合理化、民主化、家庭化"的公寓文化建设目标和"道德熏陶,活动促进,纪律约束,宣传引导,经费支持,参与积极,奖罚有度"的公寓文化建设渠道。

(三)大学生对公寓评价体系的期望

大学生期望公寓管理水平、公寓服务水平与公寓文化状况能得到改进,更希望能够建立一个更为科学合理、客观公正的公寓综合评价体系。在访谈中我们了解到,大学生对当前的公寓综合评价体系普遍感到不满,这种不满并不是对当前公寓评价具体内容的否定,而是认为衡量宿舍优秀与否的标准太单一。当前大多数高校评价学生宿舍优秀与否的标准是"卫生状况"与"守纪情况",好一些的高校还考虑"安全意识",但是,大学生的公寓生活显然不仅仅是"卫生""纪律"与"安全",除此之外,还有一些深层次的问题值得关注,比如思想品德、同学关系、心理健康等指标,都能够反映一个宿舍的状况。大学生对"宿舍卫生""守纪情况""安全意识"等传统的公寓评价指标并没有否定,而是在这些指标基础上提出了更多的指标,如他们对"宿舍成员关系"的重视就高于"守纪情况",对"学生思想道德素质"的重视就高于"安全意识"。还有一些学生注意到了宿舍成员的文体素质、学习成绩与社会实践能力等方面。

三、大学生价值观教育视域中公寓载体建构的意义

多年来,高校在大学生思想政治教育"进公寓"实践中积累了丰富的经验,有些至今仍有借鉴意义。但随着我国高等教育的大众化和高校后勤社会化步伐的加快,高校公寓管理中还存在着诸多不合时宜的地方。新时代尤其需要在大学生价值观教育视域中深刻认识公寓载体建构的意义。

(一)公寓是高校立德树人的现实依托

20世纪末以来的高等教育大众化改革影响深远。在大学生价值观教育视域中,高校"师资条件和管理体制赶不上扩招发展需要,教室、学生公寓、

餐厅、文体活动场所等更是无法满足学生需求"①,间接影响了大学生价值观教育的开展。"当上课时几个班级数百人在一起,下课后又没有固定的班级活动场所时,一个班级的同学就很难熟悉起来,就很难一起开展活动,班级的凝聚力、向心力就大为减弱,以班级为载体的大学生价值观教育效果就大打折扣。"②应对这个被动局面,需要重新审视大学生公寓的功能,在完善其起居、生活功能基础上,深入挖掘其所蕴含的价值观教育资源,将其建设为大学生价值观教育的载体。生活在同一个宿舍的同学原本就构成一个单位。"这个单位在扩招之前事实上就存在,但其重要性被一个有更强的凝聚力与向心力的班级单位所覆盖;扩招后,由于班级功能的被动弱化,公寓或者说宿舍作为大学生价值观教育基本单位的功能就被突显出来。抓住这个基本单位,大学生社会主义核心价值观培育就抓住了一个现实的载体,抓不住这个基本单位,大学生社会主义核心价值观培育就有可能继续弱化。"③

(二)公寓是高校服务育人的前沿阵地

高校后勤社会化改革是打破高校发展"瓶颈"的必由之路,但也给高校学生事务管理和价值观教育带来了一系列新问题。例如,公寓员工在社会化改革后未能及时适应角色转变,一方面因循过去的"管理者"角色,另一方面又在"市场化"思维导向下追求经济效益最大化。比以往多交住宿费的大学生,在公寓中不仅未能得到更好的服务,有时还会被生硬地"管理",这往往会诱发大学生的对立情绪,甚至会造成突发事件。面对这些问题,高校应充分发挥主导作用,推动大学生公寓向社会化、物业化、服务化方面发展,增强公寓员工的"服务意识"和"育人意识",指导公寓员工在竭诚为大学生服务的过程中,贯彻"服务育人"理念,渗透价值观教育,为大学生示范什么是"爱国、敬业、诚信、友善"。

---

① 李纪岩.当代大学生社会主义核心价值观培育研究[D].济南:山东师范大学,2010:134.

② 李纪岩.当代大学生社会主义核心价值观培育研究[D].济南:山东师范大学,2010:135.

③ 李纪岩.当代大学生社会主义核心价值观培育研究[D].济南:山东师范大学,2010:135.

(三)公寓是大学生基础文明教育的主要空间

加强大学生基础文明教育是建设社会主义核心价值体系、培育和践行社会主义核心价值观、提高大学生综合素质的客观要求,也是高校创建良好校风的内在需要。多年来,我国中小学无法摆脱应试教育的窠臼,一些大学生踏入大学校门时基础文明素养先天不足。而高校思想道德修养课缺乏实用性,导致基础文明教育空缺,以至于有的大学生虽然人生观、世界观、价值观已日趋成熟,但基本文明习惯尚不具备,如随意丢弃果皮纸屑、穿戴不整、不遵守校规校纪等现象时有发生。

在这样的背景下,加强大学生基础文明教育就成为大学生价值观教育的重要内容,而公寓是大学生在校期间学习、交往、娱乐、休息的主要场所,自然成为新时代大学生基础文明教育的主要场所。许多高校为提高大学生的基础文明素质,制定了各项规章制度和行为规范来约束大学生的某些行为。如制定《学生公寓管理条例》,对卫生差、晚熄灯、违章用电、夜不归宿等方面做出了明确的规定,通过组织学生认真学习,使之深入人心。与此同时,学校每年开展"优秀宿舍评选"活动,使大学生自觉地把校规校纪和日常行为结合起来,公寓内讲文明、讲礼貌、讲卫生成为主流,"脏、乱、差"开始销声匿迹,收到了显著成效。为了改变大学生破坏公物、与公寓管理员争吵、随处乱倒剩饭剩菜、浪费水电等不文明行为,许多高校在公寓中深入开展养成教育,引导大学生遵守校规校纪,养成良好的生活习惯与文明行为。

四、大学生价值观教育视域中公寓载体建构的挑战

把社会主义核心价值观融入大学生公寓生活中,渗透到宿舍文化创建中,是高校立德树人的根本要求。21世纪以来,随着高校办学规模扩大和公寓纳入市场化、后勤化改革轨道,依托公寓开展大学生价值观教育面临着一系列新挑战。忽视这些挑战,就无法充分发挥公寓的价值观教育功能,无法取得大学生价值观教育的应有效果。

(一)公寓管理育人的挑战

公寓是大学生日常起居、生活的重要场所,其管理理念、管理模式、管理体制攸关大学生价值观教育的效果。目前,一些高校对公寓管理育人重视

程度不够,有的高校管理意识落后,延续着以管理者为主体,学生适应管理的陈旧模式;有的高校公寓管理人员成分单一、学历层次及综合素质达不到对学生进行科学管理的程度。公寓管理中的这些弊端,有时会侵害学生的合法权益,给大学生价值观教育带来了较大压力。

高校思想政治工作者熟悉大学生公寓生活特点和思想动态,公寓中的价值观教育才能有的放矢,否则就有可能"盲人摸象"。不管是校内公寓还是校外公寓,都需要选派优秀的学工干部和辅导员,协调思想政治工作体系与物业管理体系之间的关系,提升大学生思想观念,疏导大学生心理,引导大学生遵纪守法,引领大学生认同与践行社会主义核心价值观。但实际情况是,有的高校自20世纪末连年扩招以来,思想政治工作者队伍未能同比例扩大,尤其是在大学生公寓中,思想政治工作者数量严重不足。有的高校辅导员与在校生的师生比达不到教育部规定的1∶200,辅导员专业素养参差不齐,辅导员工作时间被思想政治教育以外的事务挤占,即使进驻公寓从事大学生思想政治工作,也没有足够的时间和精力做好工作。这就导致大学生公寓中的思想政治工作质量难以保证。

要想在公寓中达到最佳的价值观教育效果,高校需要把"以人为本,关爱学生"的服务观念贯彻到公寓服务中,坚持从大学生的需要出发,营造温馨舒适的生活环境,改善学生的住宿环境,完善服务体系,形成定期普查与学生报修相结合的一条龙服务体系,同时形成专人值班和保安巡视相结合的保卫服务体系,以保护广大学生的生命和财产安全。但在高等教育规模扩大和高校后勤社会化改革背景下,高校公寓工作人员多为临时聘用人员,他们大多学历层次较低,未接受思想政治工作与管理方面的专业训练,工作职责局限于保持公寓卫生、安保等领域。在这样的情况下,要想做到以学生公寓为阵地,开展大学生价值观教育,无疑是纸上谈兵。

(二)公寓服务育人的挑战

随着我国高等教育向"大众化"转变,高校每年为争夺生源面向考生及社会做出各种承诺。而在高校后勤社会化改革背景下,学生缴费入学成为正常现象,并可选择不同收费标准的宿舍。缴纳高额学费读大学,客观上催生了大学生的"教育消费"意识。在一些大学生看来,既然可选择不同收费标准的宿舍,高校就应该提供不同层级的"公寓服务"。但有的高校对这个新变化认识不足,忽视大学生在"教育消费"中的主体地位,忽视公寓工作的服务性质,忽视公寓服务品质的提升,甚至损害学生在公寓生活中的正当权益,引起学生的不满。

要充分发挥公寓的服务育人功能,不仅需要思想政治工作者和公寓工作人员主观努力,还需要建立完备的信息反馈机制。公寓应当通过信息反馈机制,将大学生在公寓内的各种动态,包括外在表象与内在需求及时反映给学校主管部门,提高思想政治工作的针对性与目的性。但在一些高校,不管是思想政治教育工作者向公寓传达信息,还是公寓向学校教育主管部门反馈学生的各种动态,机制还没有理顺,存在一些信息盲区,不利于公寓中大学生价值观教育的开展。

(三)公寓文化育人的挑战

正如公寓是校园空间的重要组成部分,公寓文化也是校园文化的有机组成部分。健康向上的公寓文化是大学生价值观教育的重要载体,有利于大学生在文化熏陶中认同社会主义核心价值观,并将其外化为个人的行为习惯。但是,有的高校因条件所限或观念落后,公寓文化设施不足,缺少静态的公寓文化氛围,也没多少涉及大学生公寓生活的校园文化活动,有的只是指向卫生与纪律的公寓管理。这样的现状,不利于调动大学生积极参与公寓文化建设,使公寓文化育人的功能与成效大打折扣。

建设公寓文化,就是要营造良好的公寓氛围,促进宿舍成员思想交流,打造学习型宿舍,让同学们在公寓文化滋养下成长成才。山东师范大学、临沂大学等高校每年都有一些宿舍的同学一起考上研究生,原因之一就在于他们共同生活的宿舍气氛好、学风浓。但是也有一些高校,公寓中大学生党团组织建设滞后,大学生骨干未能在公寓文化建设中发挥模范带头作用;大学生认识不到公寓文化对自身成长成才的意义,所在宿舍缺少健康的公寓文化,未能成为自身"成长成才的加油站"。

(四)公寓育人评价体系的挑战

从事大学生思想政治教育工作的老师有时候会看到,一些大学生虽然考试成绩优秀,参加演讲时慷慨陈词、激情澎湃,可在公寓里完全是另外一种形象——抽烟、酗酒、不讲卫生、污言秽语等等。有的高校在综合素质测评方案中虽然有关于公寓卫生检查、违章电器处罚的明确规定,却没有关于宿舍文明的公约,关注不到大学生在公寓里的言行举止,给那些知行不一、言行不一的不文明学生留下了漏网的空间。

有的高校公寓中的价值观教育缺少科学的监督机制。大学生是公寓生活的主体,公寓的管理、公寓中的价值观教育,最终目的是促进大学生成长成才,具体过程应当尊重学生、相信学生、依靠学生,接受学生的监督,听取学生的意见。当前,有的高校无视大学生这一主体的监督,公寓管理和公寓育人工作质量的优与劣、工作效率的高与低、工作效果的好与坏也就没有了评判的标准与依据。这不仅使大学生处于被动的局面,也不利于提高公寓中大学生价值观教育的针对性和实效性。

五、大学生价值观教育视域中公寓载体建构的路径

在大学生价值观教育视域中,公寓载体的建构是加强和改进高校立德树人工作的客观需要。为了更好地发挥公寓教育、引导、服务大学生的作用,需要进一步提高公寓管理育人水平,完善公寓的服务育人功能,增强公寓的文化育人功能,建立更为科学的公寓育人评价体系。

(一)提高公寓管理育人水平

面对新时代新形势新挑战,高校应创新公寓管理理念,深化公寓管理层次。大学生价值观教育"进公寓",要坚持约束与激励相统一,树立科学的管理理念,深化公寓管理层次,更好地发挥公寓的管理育人功能。要树立依法、依规、依市场原则管理大学生公寓事务的观念。缴纳住宿费入住公寓的大学生,不仅具有"学生"身份,也具有消费者身份。新时代的大学生法治意识、自主自立意识强,善于用法律武器来保护自身的合法权益,其中就包括维护自己缴费入住公寓的"消费者权益"。高校关注到这个问题的实质,依法、依规、依市场原则管理公寓事务,才不至于损害大学生缴费入住公寓的"消费者权益",引起争议甚至法律纠纷。在公寓这一特定的环境中,更应当建立起民主平等、宽容和谐的关系,尊重学生个体差异、学生情趣发展,将公寓办成大学生之家,使大学生感到温暖、方便、舒适。当然,公寓育人不仅需

要渗透、疏导、沟通,还需要正面教育和严格管理,需要以科学的制度和方法管人、管事。

着眼于大学生价值观教育,高校要建立辅导员进公寓机制,发挥辅导员在公寓中管理、教育、引导、服务大学生的职能。辅导员要以"同住、知情、关心、引导"为导向,住在大学生宿舍,以朋友身份主动与大学生谈心,掌握大学生情况,理解大学生心理,切实帮助大学生排忧解难。通过与大学生同吃同住,辅导员能够在第一时间掌握大学生的具体状况。辅导员要通过在公寓与大学生的共同生活,实现帮困助学与价值观教育的融合,缓解大学生的心理压力,帮助他们树立健康向上的生活态度,坚定理想信念,增强服务社会、奉献社会的意识,增强成长成才、干事创业的信心。辅导员要用自己的人生经历和知识感染大学生,以高尚人格影响大学生,为大学生分忧,伴大学生成长,减轻大学生学习压力,帮助大学生协调同学关系,做大学生的朋友,使大学生中的很多问题在萌芽状态就得以解决。高校要将就业指导中心的职能延伸到公寓,依托入住公寓的辅导员,提供就业指导与就业信息,快捷有效地解决毕业生的具体问题。相关调查显示,大学生认为辅导员最重要的工作应当是促进宿舍成员的心理健康、培养宿舍成员的安全意识。因此,高校还应当把心理健康教育和心理咨询中心的职能延伸到公寓,鼓励公寓辅导员把心理健康教育作为工作重点,帮助大学生保持健康的心态,提高心理承受能力。

着眼于大学生价值观教育,高校要充分发挥基层党组织和共青团组织在公寓中的作用。学校可探索以楼层、宿舍为单位建立党、团小组,以公寓楼为单位成立党、团支部,在组织上保证学生党团工作的着力点向学生公寓延伸。可依托公寓建立新的党员、团员发展模式。公寓党团组织通过党员、团员,协同辅导员、公寓管理干部,准确掌握学生的思想动向,共同做好大学生价值观教育工作。公寓党团组织还应当通过板报、广播等灵活多样的形式在公寓中进行宣传教育,组织青年学生加强理论学习,广泛开展各种文明修身和文明宿舍创建活动,培育良好的道德风尚。高校党团组织要推动改革创新,在公寓中实行挂牌制,公开学生党员、团支部书记身份,随时实地收集、反馈同学们关于公寓工作的意见与建议。

着眼于大学生价值观教育,高校应在公寓中建立大学生自我教育、自我管理、自我服务的"三自"机制。要引导学生干部成为公寓"三自"机制的维护者和实践者,充分发挥学生干部的示范、引领作用,促进公寓生活和谐、维护公寓安全稳定、防止公寓内发生群体事件。学生干部与其他同学生活在一起,更便于对群体事件中的大学生进行引导和劝说,从而维持校园的安宁和稳定。要在公寓建立相对独立的学生干部队伍及相应的考核制度,建立相对独立的"宿管会"、社团组织以及网站、微信公众号等新媒体载体,由入驻的辅导员统一管理,在公寓中搭建起一个学生活动的新舞台。对于公寓学生干部的考核也要与班级学生干部考核相统一,保持标准一致,步伐统一。学生干部要关注公寓空间的社团运作与网络运行,协助辅导员做好公寓空间的网络安全工作、意识形态工作与思想教育工作。

(二)完善公寓服务育人功能

高校后勤社会化改革以后,公寓虽然具有了社会属性,但本职仍然是为大学生成长成才服务。公寓工作人员要适应大学生价值观教育的要求,就必须提高服务意识与服务能力,优化服务行为与服务质量。

高校要经常性地组织公寓工作人员学习,强化公寓工作人员的服务意识,帮助他们树立一切为学生服务、为学生服务光荣的思想。要引导公寓工作人员摆正位置,不能简单地以"管理者"自居,而要紧扣在公寓中"为大学生做哪些服务工作""怎样才能为大学生做好服务工作"等问题,树立正确的服务意识,认识自身肩负的责任与使命。与此同时,要不断加强公寓工作人员的思想道德教育和职业技能培训。高校应制定公寓工作人员业务学习计划,定期对其进行业务培训,提高公寓工作人员业务水平和工作技能,不断提高公寓工作人员的综合素质,建立一支能吃苦、讲奉献、会管理、懂得大学生心理、有敬业精神、有服务意识的公寓育人队伍。

公寓工作人员不能仅停留在为学生公寓生活服务上,还应拓展到为学生成长成才服务上来,以此作为公寓工作的出发点和归宿。公寓服务育人的基础在于公寓工作人员从学习和生活上关心爱护大学生,以勤恳工作的模范行为、任劳任怨的奉献精神影响大学生,以周到、热情、细微的服务和崇高的职业道德感化大学生。公寓工作人员要从立德树人的高度为大学生创造良好的公寓生活环境,使他们感受到家的安全、温暖、舒适,在优美的公寓环境和温馨的公寓氛围的滋养与熏陶中,沿着正确的人生方向健康地发展。高校要使公寓服务向规范化、程序化、文件化、精细化发展,不断完善质量监控机制,条件成熟时可对公寓服务质量进行"贯标认证"。

(三)增强公寓文化育人功能

良好的公寓环境和文化设施可以促进大学生的价值观教育。清洁舒适的环境可以滋养大学生的心境,使大学生保持健康的心态、愉悦的心情、充沛的精力。高校职能部门和公寓管理部门要重视公寓环境建设,为大学生创建一个优美、整洁、舒适、活泼、文明、朴素的生活家园,陶冶大学生情操,促进大学生身心健康,使大学生自觉形成良好的行为习惯。培育良好的公寓环境,需要在公寓文化设施建设上投入更多资金。如在公寓中建立阅览室、活动室、宣传橱窗,开办公寓广播电台,开通互联网,充分发挥公寓文化设施在大学生价值观教育中的作用,确保大学生在公寓能了解形势与政策,听到学校的声音,看到学校的文件,了解学校的要求。有了这样的公寓环境,大学生价值观教育才可以事半功倍。

在完善公寓文化硬件设施的基础上,还要积极培育公寓文化软环境。要多开展"十佳舍员""文明宿舍""文明楼栋"等以宿舍或公寓为单位的评比活动,引领理论学习、学风建设、文明创建活动,充分发挥公寓的管理育人、环境育人、文化育人的作用,培育公寓文化软环境。此外,大学生社团是活跃公寓文化氛围的重要抓手,要积极推进大学生社团活动进公寓。大学生社团活动进公寓旨在培育科学、文明的生活环境,营造积极向上的学生社区文化氛围。高校要充分利用社团文化积淀的好经验,大胆创新,探索建立与公寓育人相适应的社团,在公寓运营广播、网站、报纸、微信公众号等,组织开展与公寓相关的文体活动、联谊活动。

(四)优化公寓育人评价体系

以往只关注卫生和纪律的公寓评价体系,已经难以适应大学生价值观教育的现实需要。在大学生价值观教育视域中,不仅要更全面、客观地评价大学生在公寓中的表现,而且要评价公寓管理与服务工作是否满足了大学生的需要,是否发挥了价值观教育功能。特别是在缴费读大学、住公寓的背景下,大学生越来越注重在公寓中实现自己的"消费者"权益,这就要求公寓评价体系不能仅停留在卫生、纪律等层面,而要更加关注公寓的硬件设施、周边环境、服务质量、文化氛围、管理水平、育人成效等。

近年来,高校辅导员等思想政治工作者、公寓管理与服务人员,以及生活于公寓中的大学生,期望优化公寓育人评价体系的呼声越来越高。大家普遍希望新的公寓育人评价体系要关注以下几个因素:一是将公寓评价体系与维护学校安全与稳定相统一,引导大学生自觉遵守学生社区的规章制度,树立良好的安全观念与节约意识,按规定使用电源、电器和控制使用明火,将安全工作做到生活的方方面面。二是把大学生在公寓内的团结、协作、友善精神作为评价的重要指标。三是构建多元要素相统一的评价标准。公寓评价不能搞一刀切,评价标准覆盖卫生状况、遵纪守法、安全稳定、文化氛围、学习气氛、团结精神、学业成绩等各个方面,才能更有利于引导大学生认同与践行社会主义核心价值观,有利于培养大学生的综合素质,有利于大学生成长成才。此外,高校还应当把公寓评价体系与学院、班级评价体系衔接起来,在更广的范围内相互促进。总之,科学的公寓育人评价体系不会一蹴而就,需要在实践中不断完善与丰富。

结　语

没有与时俱进、贴近大学生实际的价值观教育载体，就难以有效推进大学生价值观教育工作。而大学生价值观教育载体能否建设好、运用好，则要看高校思想政治工作者是否具备相应的素质和能力。从这个意义上来说，必须高度重视高校思想政治工作队伍的素质与能力建设。

首先，要把好入口关，从源头上保障高校思想政治工作者的素质和能力。必须按照"政治强、业务精、纪律严、作风正"的要求，选拔具备较高综合素质的优秀思想政治工作者从事大学生价值观教育工作。其中，"政治强、纪律严、作风正"是基础性、前提性思想政治素养，"业务精"是核心的、必备的专业能力素养。就"业务精"而言，选拔新入职的思想政治工作者，要首选马克思主义理论专业或思想政治教育专业毕业生，或选修过"思想政治教育学原理与方法"等课程的相关专业毕业生。这些新入职的思想政治工作者，要熟悉思想政治教育原理，具备"善于建设和运用大学生价值观教育载体"的专业基础。新提拔团学系统干部时，要考察提拔对象是否从事过大学生思想政治教育工作，是否熟悉新时代大学生的思想观念、思维方式，是否熟悉新时代大学生价值观教育的基本规律，是否熟悉新时代大学生价值观教育的各类载体，是否"善于建设和运用大学生价值观教育载体"。要健全人才选聘、提拔机制，避免"业务不精者"进入高校思想政治工作者队伍。

其次，要完善培养机制，不断提升高校思想政治工作者的素质和能力。建设优秀的思想政治工作队伍，必须根据经济、社会发展需要，按照高校思想政治工作岗位要求，组织开展政治素质培养和业务素质训练活动。高校要建立长期培训与短期培训相结合、脱产专门培训与在岗业余培训相结合、低中高多层次培训相结合的培训机制，鼓励高校思想政治工作者通过脱产学习，提高学历层次；通过在职岗位培训，提高实际水平；通过向经验丰富者学习，提高实务能力；更重要的是要重视自学、不断接受新生事物。要创造条件，通过岗位交流、挂职锻炼等途径，推动高校思想政治工作者开阔眼界、丰富阅历、提高工作能力。要总结思想政治工作优秀成果,树立思想政治工作先进典型,表彰与奖励思想政治工作先进集体和先进个人,宣传他们的先进事迹,发挥他们的示范、引领作用。要深入总结高校思想政治工作的历史经验,针对新时代大学生思想政治观念的特殊性,分析新时代高校思想政治工作的本质和规律,探索高校思想政治工作的新途径,不断提高新时代高校思想政治工作者的研究水平与实践能力。

最后,要加强队伍管理,提升高校思想政治工作者的专业化、职业化水平。就专业化管理而言,一是落实教育部要求,按比例配备专职思想政治工作者,确保在师生比合理的前提下,相关人员有充足的时间和精力专门从事大学生价值观教育工作、研究大学生价值观教育工作。二是要求广大思想政治工作者在原有的专业知识和工作能力基础上,通过专业学习与在职培训,进一步熟悉思想政治教育学原理与方法,熟悉思想政治工作实务,熟悉大学生价值观教育规律,熟悉各类大学生价值观教育载体。就职业化管理而言,一是要实行合理的职称评聘和职务晋升制度,鼓励高校思想政治工作者安心于本职工作。二是要引导高校思想政治工作者树立以"坚忍的意志品格、饱满的精神状态、严谨的思想作风、诲人不倦的工作态度以及和蔼可亲的教师特征"[①]为代表的职业形象,示范、引领、感召大学生。三是要引导高校思想政治工作者树立崇高的职业理想,掌握过硬的职业技能。大学生是党和国家的未来,是高知识、高智商群体,大学生价值观教育工作者不仅要掌握思想政治教育原理与实务能力,还要掌握教育学、心理学、管理学等多学科知识。高校思想政治工作者从"为党育人,为国育才"崇高事业的高度审视所从事的"职业",不断提高职业技能。

综上所述,高校思想政治工作者处在立德树人的第一线,责任重大,使命光荣,作用不可替代。高校要像重视专业课教学科研骨干那样重视思想政治工作者的选拔和培养,从工作、生活、经济、政治上关心他们的成长,只有这样,才能为大学生价值观教育提供强大的队伍保障。

---

① 韩广洁.论大学生思想政治教育工作的队伍建设[J].江西农业大学学报(社会科学版),2005,4(03):147.

附录:作者关于大学生价值观教育的相关研究成果

"80后"大学生责任意识的调查与分析
——以山东师范大学"80后"大学生为例

王凯旋　李纪岩

(山东师范大学,山东济南,250014)

摘　要:通过调查问卷发现,"80后"大学生个体展现出了较强的责任意识,他们对他人的责任、对社会的责任表现较为积极,但对家庭的责任、对自我的责任尚存在较为突出的问题。与此同时,他们对本群体责任意识的评价相对较低。在"80后"大学生成长的过程中,社会经济基础、思想文化氛围、自身家庭结构与学校教育体制等因素,深刻影响着他们责任意识的形成与发展。加强"80后"大学生的责任意识教育,重心应适当向家庭责任意识与自我责任意识倾斜,视野应由高校向社会、家庭、中小学延伸,途径应由知识输导型向实践体验型转变。

关键词:"80后"大学生;责任意识;调查;分析;建议

责任是行为主体对特定社会关系中存在任务的自主认识和自觉服从,体现了关系客体对关系主体的现实要求。责任意识是主体在现有的经济基础和意识能力下,把握自身行为及其结果,使之在观念、情感与道德上满足客体需求的精神风貌。在现实生活中,责任是个体主张权利的前提,也是个体获得自由的基础。只有承担起责任,个体才能自由而全面地发展。只有责任意识、权利意识与自由意识在个体身上并行不悖,社会才能正常运行。

近年来,随着市场经济的深入发展,利益原则被一些人奉为生存与发展的基本原则,西方自由主义思潮也侵蚀了部分人的思想,日常生活中一些人格外关注自身的权利与自由,对作为其存在前提与基础的责任与责任意识则有所忽视。正是在这样一个权利意识与自由意识日益勃发的时代氛围中,"80后"大学生跨越成年人的门槛,由高校走向社会,走向时代舞台的中心。他们的责任意识如何,不仅影响着自身权利与自由的实现,影响着自身今后的发展,也成为建设和谐社会的重要影响因素,制约着中国特色社会主义建设的历史进程。

为深入了解"80后"大学生责任意识的基本状况和影响因素,为大学生责任意识教育提供现实依据,2008年11月,我们以"'80后'大学生责任意识"为主题,面向山东师范大学"80后"大学生展开了一次问卷调查。本次调查共发放问卷1000份,收回有效问卷935份。问卷题目均允许多选。问卷结束后,我们对结果进行了深入分析,并在一定范围内进行了访谈,从而较为全面地掌握了"80后"大学生责任意识现状及其形成的部分原因。在此基础上,我们提出了"80后"大学生责任意识教育的几点建议,希望能为有关部门提供借鉴。

一、"80后"大学生责任意识的基本状况

本次调查的"80后"大学生为在校大学生,具体出生时间在1985—1989年之间。从调查结果看,"80后"大学生个体责任意识表现较为积极,但在某些领域也暴露出一些值得注意的问题;与此同时,他们对本群体责任意识的评价较低。

在对家庭的责任方面,当问到"你认为谁最应当为赡养老人承担责任"时,有84.29%同学认为应当由"子女"来承担,这显示出在我国目前的养老制度下,大多数"80后"大学生正视现实,具备赡养老人的责任意识。但值得注意的是,与此同时,另有6.10%的同学认为应由"老人自己"来"赡养自己",有1.6%的同学认为应由"其他亲人"来赡养老人,这两者的比例虽然不高,但涉及的绝对人数却不容小觑。在目前的养老制度下,假如这部分同学的家庭责任意识将来依然如此,其中一些同学父母的晚年生活就令人担忧。

在对自我的责任方面,当问到"大学生活费用的主要来源"时,有63.10%的同学回答是"全部由家庭支持",有13.26%的同学把"各类奖学金"列为大学生活费用的主要来源,有7.27%的同学把"社会资助"列为大学生活费用的主要来源,能够做到"家庭负担一些,个人勤工俭学解决一些"的

同学仅占到总人数的30.91%。这从一个侧面反映出"80后"大学生尽管已经是成年人,但自我责任意识只在较少的一部分人身上觉醒。同样在自我责任方面,对于"你是否会闯红灯或横跨道路护栏"这一问题,5.35%的同学表示"经常会","从来没有"的仅占总人数的24.45%。在交通事故频发的现实情况下,5.35%的同学"经常闯红灯或横跨道路护栏"就是一个足够惊人的情况,他们的行为既是对自我的不负责任,也是对他人生命的漠视。

在对他人的责任方面,面对"如果同学家境贫寒,你会怎样"这一问题,76.15%的同学表示"会主动帮助他",仅有3.85%的同学表示"不想与他接触",另有12.09%的同学表示"他的贫富与我无关";当问及"公交车上遇到哪种情况,你会给小孩、老人、孕妇等让座"时,79.57%的同学表示"不论何时都会给他们让座",仅有7.91%表示"只有坐在爱心专座上的时候"才会让座,另有6.63%的同学表示"当别人求助的时候"才会让座;当"看到有人在乞讨"时,有64.39%的同学表示会"视情况而定,因为老幼残障需要更多的关心",20.21%的同学"会感到生活的不公平并施以援手",只有5.67%的同学会"不闻不问绕道走开",另有17.43%的同学认为"这是一种欺诈行为,根本不值得同情"。从对这三个问题的回答中,我们可以发现,"80后"大学生的主体富有同情心,具备帮助他人的责任意识;但与此同时,少数同学的态度也映现出他们内心深处对他人的冷漠。

对社会的责任方面,当问及"你是否有为'和谐社会'做贡献的愿望"时,有32.94%的同学表示"非常强烈,时刻准备着",另外还有36.47%的同学有"比较强烈"的愿望,"丝毫没有这个想法"仅有3.85%,综合考虑选择前两者的比例,我们认为"80后"大学生的主体具有较强的社会责任意识。那么"80后"大学生一般会选择哪些方式履行自身的社会责任呢?在对"您认为如何体现大学生的社会责任感"这一问题的回答中,有41.93%的同学表示会"好好学习,争做国家栋梁",49.52%的同学表示会"志愿服务,奉献社会",46.42%的同学表示会"乐于助人,帮助有困难的人",仅有7.59%同学表示选择了"其他"。由此可见,"80后"大学生在履行社会责任的路径选择上,理性而现实,具有较强的可行性。作为具体的例证,在面对"5·12汶川大地震"这一巨大灾难时,大多数"80后"大学生以不同的方式奉献了自己的爱心,履行了自身的社会责任。调查显示,有79.79%的同学选择了"捐款",26.74%的同学选择了"捐助灾区所需要的物资",19.04%的同学选择了"献血",47.91%的同学选择了"祈福,通过新闻时时刻刻关注灾区人民",另有3.85%的同学选择了"组成志愿者分队到前线去抗震救灾"。需要指出的是,许多同学同时选择了其中的几种方式。正是在面对"南方冰雪灾害""汶川大地震""迎接北京奥运会"等一系列重大事件时,"80后"大学生潜伏的社会责任意识强烈地爆发出来,也由此改变了人们对"80后"大学生的整体看法。

值得注意的是,尽管"80后"大学生个体展现出了较强的责任意识,从2008年的社会舆论看,人们也普遍认为"80后"大学生已经成长为具有社会责任心的一代,是经得起考验的一代,但"80后"大学生对本群体责任意识的评价却相对较低。在935名同学中,认为"80后"大学生"有责任感"的仅有425名,占总人数的45.45%;认为"80后"大学生"自我意识强,缺乏责任感"的却有215名,占到总人数的22.99%。这两个数据从不同的方向反映出"80后"大学生对本群体的责任意识并不满意。这种现象反映出三个潜在的问题:一是"80后"大学生对个体责任意识的认识可能还存在盲区;二是社会对"80后"大学生责任意识的积极评价可能超过了实际;三是"80后"大学生对本群体的责任意识可能具有很高的期望值。

分析调查结果,我们认为"80后"大学生对家庭的责任、对自我的责任、对他人的责任、对社会的责任存在着一定的差异,总体上表现为对家庭的责任、对自我的责任存在着较为突出的问题,对他人的责任、对社会的责任则表现得较为积极,但在每一个体身上又有所不同。而上述三个潜在问题之所以存在,恰恰是因为人们无意识地忽视了这种差异,出现了以偏概全的倾向。从社会层面而言,人们高度肯定"80后"大学生对社会的责任、对他人的责任的同时,忽视了他们在家庭责任、自我责任方面存在的问题。从"80后"大学生自身而言,他们在调查问卷中显示出来的较好的个体责任意识主要基于在思想上对自我的认识,在现实生活中未必能充分实践这种意识;而他们对群体责任意识相对消极的评价则主要基于在实践中对本群体的认识,同时忽视了群体思想中的积极方面。我们认为,着眼于进一步提高"80后"

大学生责任意识的目标,社会对"80后"大学生应当在肯定的同时不忘鞭策;"80后"大学生的每一个体应当在思想上自我肯定的同时在生活中努力践行自己的责任意识,力争在个体的知行统一中,达到提高"80后"大学生群体责任意识的效果。

二、"80后"大学生责任意识发展的影响因素

马克思主义认识论认为,人们的思想意识从根本上讲是社会存在的产物,而上层建筑尤其是意识形态诸领域自身的发展,也会对人们思想意识的发展产生重要的影响。"80后"大学生出生在改革开放的历史时期,他们成长的社会经济基础、思想文化氛围、自身家庭结构与学校教育体制等因素,深刻影响着他们责任意识的形成与发展。

从社会经济基础来看,改革开放以来,社会主义市场经济体制逐步建立,社会存在发生了复杂而深刻的变化,经济成分和经济利益多样化、社会生活方式多样化、社会组织形式多样化、就业岗位和就业方式多样化日趋明显。"四个多样化"的出现有助于增强"80后"大学生努力提高自身竞争能力、谋求独立自主生活的责任意识,同时也容易诱发他们自由放任、利己主义的思想倾向。市场经济的自主意识、功利意识和权利意识对"80后"大学生有着潜移默化的影响,导致他们对社会的认识比较极端,可能不愿承担对他人、对社会的责任。

从思想文化氛围看,改革开放以来,当代西方社会思潮,尤其是新自由主义思潮,不仅给我国经济、政治、思想文化领域带来了极大冲击,也对"80后"大学生的思想观念和现实生活造成了重大的消极影响。新自由主义把个人看成是比人类社会及其制度和结构更为"真实"或根本的存在,认为个人是先于且高于社会的存在。同时,新自由主义剔除了人的社会性,把人视为原子式的单个的人,"他们生而分立,死而分立"。新自由主义的这些个人主义方法论割裂了权利和责任的统一关系,助长了部分学生的个人本位和反集体主义倾向,不利于责任意识的培养。

从自身家庭结构看,"80后"大学生多数是独生子女,他们从小生活在长辈的关爱与呵护中,生活条件相对优越,缺少必要的挫折教育和艰苦生活的

锤炼,形成了他们"独立意识强但独立生活能力低""生理成熟较早但心理成熟较晚"的特点。父母望子成龙的急切心理,往往助长了"80后"一代对学业与学习成绩的关注,而无益于他们责任意识的培养。在这样的氛围中,不少"80后"大学生在青少年时期的较长一段时间内缺乏对家庭的责任心与自立自强的使命感。他们在接受家人与其他人对他们的付出时,往往认为是理所当然的,而对回报家人与他人的责任与义务,他们往往意识不到。

从学校教育体制看,"80后"大学生成长的年代,正是应试教育愈演愈烈的年代。在中小学阶段,学校教育过于注重对学生学习成绩的考核,而忽视了对学生健康人格的培养。虽然从小学到大学普遍开设了思想品德与政治理论课,但在应试教育的氛围中,学校过于注重知识的传授,而忽视了责任意识的培育与践行。问卷调查中,当问及"你认为学校教育是否有利于提高大学生的责任感"时,回答"有利于"的同学只有36.15%,另有45.13%的同学认为学校教育"有的有利于,有的根本没用",认为学校教育"起不到作用"或者"感觉不到起作用"的则分别有11.76%与8.98%。这样的统计结果,应当引起我们对学校教育的进一步反思。

由于上述多种因素的影响,"80后"大学生思想的成熟经历了更长的时期,他们在成长的过程中也经受了更多的质疑。社会对"80后"大学生责任意识的正面评价是从近几年开始的,2008年的媒体上则出现了"喝彩"之声。我们本次的调查结果也证实了"80后"大学生责任意识的觉醒。他们终于在即将离开大学校园之前,以一种相对正面的形象和身姿,向社会证明了他们不是"垮掉的一代"。他们在这个时候而不是更早一些时候证明了他们是负责任的一代,既是必然的,也是偶然的。在必然性上,"80后"中的第一批大学生,现在已经接近"而立之年",他们的人生阅历日趋丰富,思想更为成熟,责任意识从无到有、从少到多已经逐步在他们身上凝结,而作为"80后"大学生的先行者,他们在有意无意中引导了"80后"群体责任意识的自我强化。在偶然性上,历史往往在关键时刻考验一代人的品格、培育一代人的责任意识。2008年,从席卷大半个中国的"南方冰雪灾害"到夺走数万同胞生命的"汶川大地震",从激情澎湃的"北京奥运会"到波澜起伏的"全球金融危机",中华民族在短短的一年时间内经受了灾难与悲情、荣誉与梦想,迅速催熟了"80后"大学生身上原本若隐若现的责任意识,使之呈现出鲜亮的人性光辉。但需要指出的是,这里所肯定的"80后"大学生的责任意识主要还是就其社会责任与对他人的责任而言。"80后"大学生对家庭的责任、对自我的责任,还会有一个不断完善的过程。

三、"80后"大学生责任意识教育的几点建议

发现问题是为了解决问题。针对"80后"大学生的责任意识进行调查研究,是为了厘清"80后"大学生责任意识教育的基本思路。所谓责任意识教育,是指有目的、有计划地培育和发展受教育者责任意识的教育活动。我们认为,针对"80后"大学生的责任意识现状及其影响因素,今后应当从以下几个角度改进"80后"大学生的责任意识教育。

一是责任意识教育的重心应适当向家庭责任意识与自我责任意识倾斜。如上所述,调查发现"80后"大学生社会责任意识与对他人的责任意识较为积极,但家庭责任意识、自我责任意识问题相对突出。家庭对个体的付出最多,家庭又是社会的细胞,家庭责任的缺失势必对内影响家庭的和谐、对外影响社会的和谐。自我责任是个体独立自主生存与发展的必备要素,自我责任的缺失必然导致对个体生命的漠视与生活能力的丧失。因此,今后应着重加强"80后"大学生家庭责任意识教育与自我责任意识教育。

二是责任意识教育的视野应该由高校向社会、家庭与中小学延伸。如上所述,"80后"大学生的责任意识在形成与发展过程中,既受社会经济基础因素的影响,也受思想文化氛围因素的影响,既受自身家庭结构的影响,也受学校教育体制的影响,因此,推进"80后"大学生的责任意识教育,也应当以系统工程的思路解决问题。在宏观把握上,应统筹社会、家庭和学校中的责任意识教育,实现三者的有效衔接;在学校责任意识教育中,应统筹未成年人责任意识教育与大学生责任意识教育,实现层次推进;在高校责任意识教育中,应统筹课堂教学、校园文化活动和社会实践,在大学生活的各个环节渗透责任意识;在课堂教学中,应统筹专业教育、人文教育和思想品德教育,在各个学科的教学过程中培育责任意识。

三是责任意识教育的途径应该由知识输导型向实践体验型转变。责任

是表述主客体之间关系的一个范畴,责任意识本质上是在主客体彼此联系的过程中形成的,而实践正是主客体彼此联系的关键环节。责任意识教育仅仅停留在书本上与课堂教学中是远远不够的,借助于主题突出、形式多样、内容丰富的实践活动创设责任情境,让学生在切身实践与情境体验中主动形成责任意识,责任意识教育才是成功的。调查结果也证实了实施实践体验型责任意识教育的必要性。在回答"你认为以下哪种活动可以提高大学生的责任感"这一问题时,68.88%的同学选择了"学校组织的志愿者服务活动",34.87%的同学选择了"以增强大学生责任感为主题的团组织(民主)生活会等活动",21.60%的同学选择了"以增强大学生责任感为主题的座谈会或讲座",只有13.37%的同学选择了"思想道德修养课及相关课堂教育"。这一调查结果对我们应该是个启迪。

(本文发表于《山东省青年管理干部学院学报》2009年第1期)

价值澄清及其对社会主义核心价值体系教育的启示[①]

王凯旋

(临沂大学,山东临沂,276000)

摘 要:价值澄清理论主张教给学生澄清价值观念的技巧与价值选择的能力。借鉴价值澄清理论,在当代中国大学生价值观教育中要尊重大学生的主体地位,发挥大学生在价值观念形成中的主体作用;注重培养大学生的价值选择能力,提高大学生的价值判断和价值选择水平;建立平等合作的师生关系,营造大学生接受社会主义核心价值体系的良好气氛;关注大学生的日常生活,引导大学生在生活中接受社会主义核心价值体系。在具体借鉴过程中,要注意处理好一元主导与多元共存、教师中立与教师引导以及教师灌输与学生自主选择等关系。

关键词:价值澄清理论;大学生;价值观教育;启示

新中国建立以来,我国在大学生价值观教育中,积累了丰富的经验。但是,随着大学生成长环境的变化,他们的价值观念及其形成过程呈现出新的特点,传统的价值观教育方法与途径逐渐显露出不足。当代中国大学生价值观教育的主题是以社会主义核心价值体系培育当代大学生,做好这项工作,有必要借鉴价值澄清理论,引导当代大学生在价值澄清中主动接受社会主义核心价值体系。

一、价值澄清理论的基本主张

价值澄清理论是20世纪美国最有影响的道德教育理论。价值澄清理论认为,由于社会上多元价值观念的存在,传统的道德说教不能从根本上解决学生的价值认同,反而会引起学生的怀疑。因此,学校要通过一系列的价值澄清策略,让学生通过批判性的思考,实现自我价值观的澄清,并根据自己

[①] 本文系国家社科基金项目"大学生社会主义核心价值体系建设研究"(项目批准号:08BKS052)的成果之一。

选定的价值观支配自己的行为。价值澄清方法的主要任务不是传授"正确"的价值观,而是帮助学生澄清他们的价值陈述和行为。价值澄清理论的基本主张体现在以下几个方面。

首先,价值澄清理论认为价值澄清的过程必须要经历"三个阶段""七个步骤"。其中第一阶段为"选择"阶段,包括"自由地选择""从各种可能选择中进行选择""对每一种可能选择的后果进行审慎思考后做出选择"三个步骤。第二阶段为"珍视"阶段,包括"珍爱,对选择感到满意""愿意向别人确认自己的选择"两个步骤。第三阶段为"行动"阶段,包括"根据选择行动""以某种生活方式不断重复"两个步骤。这样的过程,要求教师在课堂教学中避免机械灌输,而要引导学生自己选择价值观。价值澄清理论认为,经过"三个阶段""七个步骤",不用教育者特别强制与限定,学生也最终会走上正确的价值选择之路。

其次,价值澄清理论提出了价值澄清的四个要素:一是以生活为中心。价值澄清理论要求引导人们关注生活中所珍视的东西,或者是他们的行为、态度、目标、兴趣、抱负、情感、烦恼等,或者是一般的生活问题,尤其是经常使生活复杂化或使价值问题显得扑朔迷离的问题。二是对现实的认可。价值澄清理论要求从整体上接受他人,不管别人的言行如何,不必表示赞成或反对。三是鼓励进一步思考。价值澄清理论要求人们不能仅仅停留在认可的水平上,而应更加全面地思考价值问题,更加清楚所珍视和珍爱的事物,更好地把选择整合到日常行为之中。四是培养个人能力。价值澄清理论要求人们深思熟虑地看待价值问题,以便更好地整合选择、珍视和行动。总之,价值澄清理论不仅致力于促进学生思想、情感和行为的整合,而且致力于传授给学生离校后独自运用方法的技能。[1]

第三,价值澄清理论认为最灵活的价值澄清策略是教师针对学生的言行做出"澄清反应",从而鼓励学生进行特别的思考。有效的"澄清反应"应满足十个条件:一是避免说教、批评、灌输或评价;二是使学生检查自己的行为或思想,并独立思考和决定他们的真正需要;三是要考虑到学生不做检

---

[1] 刘燕. 价值澄清理论述评[J]. 哈尔滨学院学报,2005,26(4):97–100.

查、决定或思考的可能性;四是要创造氛围,激发学生思考自身言行,通过众多澄清反应,累积成价值澄清的效果;五是致力于帮助学生澄清自己的思想和生活,所以不适用访谈形式;六是在进行两三个来回的对话后便主动但是委婉、真诚地中断对话,而不应扩大讨论;七是主要针对个人进行;八是不对每一个学生在课堂上的一切言行做出反应;九是适合在涉及情感、态度、信仰或目的等没有"正确"答案的情景中发挥作用;十是不严格遵循某种格式,教师在牢记目的的情况下,必须富于创造性地运用澄清反应。

第四,价值澄清的具体方法有二十几种,其中最主要的是对话、书写、讨论等方法。① 对话法通常指向单个学生,以短暂的、非正式的对话方式出现在课堂上、走廊上、操场上或其他教师能接触到学生的任何地方,通过教师对学生所说的话或所做的事做出反应,促使学生在头脑中提出问题,反省自己的生活、行为和思想,从而澄清他们自己的价值观。书写法主要用于那些不大适合于口头交换意见的场景和问题。教师从中选择并设计相关问题,学生独立回答,并将答案写在纸上,然后学生之间或师生之间就这些答案进行交流。讨论法主要通过团体讨论帮助学生更加明确自己的价值观,并努力理解别人的价值观。制订讨论计划时一是要设计出富有价值意义的主题;二是要求学生在讨论之前安静地思考;三是要尽量使每个学生都有发言的机会;四是要相互交流学到的知识。

价值澄清理论反对传统的道德灌输,主张发挥学生在价值选择中的主体作用,给价值观教育注入了新鲜的血液。价值澄清理论不是以逼迫或强加的方式将"正确的"价值传授给他人,说服学生接纳这种"正确的"价值,而是相信学生可以凭借自己的力量形成价值观,并创设情境帮助学生独立思考,这对于学生形成自由探究、深思熟虑的思维方式和理性思想是有帮助的。价值澄清理论尊重学生,以轻松的交谈为教学形式,更加注重将价值观与现实生活联系起来,这样的形式更容易让学生接受,也更容易使学生形成自己的思维。当传统教育方法满足于学生"假装"相信某种价值观念时,价

---

① 洪棋文,陈红.美国学校德育的价值澄清理论评析[J].衡阳师范学院学报,2007(4):123-126.

值澄清注意到将价值观念内化,强调学生要珍视自己的选择并为之行动,这比价值观教育只停留于口头上的夸夸其谈要好得多。①

二、借鉴价值澄清理论,改进当代大学生价值观教育

价值澄清理论对当代大学生价值观教育有着重要的借鉴意义。价值澄清理论试图应对人们思想意识复杂多变、社会价值观念趋向多元等时代性挑战,这些挑战也是当前我国大学生价值观教育所面临的问题。价值澄清理论注重自由选择、尊重学生的主体性、关注生活等教育理念,也是当前我国大学生价值观教育所要借鉴的。价值澄清理论认为价值选择必须在法律许可内进行,价值澄清的价值是有社会限制的价值,也是我国大学生价值观教育的原则。价值澄清理论尊重学生的主体地位,注重培养学生的价值选择能力,并为教师提供了一些具体的教育方法与途径,这些主张、方法与途径,对改进当前我国大学生价值观教育具有重要的启示。

首先,要尊重大学生的主体地位,发挥大学生在价值观念形成中的主体作用。价值澄清理论认为,传统的价值观教育习惯于以外部灌输促进大学生价值观念的发展,实质上把学生当成了被动的、只需接受既定价值观念的"容器"。这样的价值观教育,违背了人的价值观念形成与发展的基本规律,无论动机多么善良,用以灌输的价值观念多么高尚,都会泯灭学生的主体性,因而成效总是不佳。针对这种状况,价值澄清理论强调,价值观是"澄清"出来的,教师应尊重学生的主体地位,帮助学生澄清某些困惑和模棱两可,培育他们自我指导的能力。就我国大学生价值观教育而言,长期以来,占主体地位的是教师,学生则处于接受者、被塑造者的客体地位。"这种教育模式因其忽视现代社会开放和价值多元的事实,忽视道德教育之固有的主体性本质,以及忽视现代社会对主体性和创造精神的呼唤,而在解释现实的社会道德问题,解决青少年道德价值观冲突面前日显苍白。"②在当代中国大学生价值观教育中,教师应从了解和把握大学生的利益以及需求出发,尊

---

① 周瑜.关于价值澄清理论的几点思考[J].思想政治教育研究,2005(5):22-23.
② 戚万学.关于建构中国现代道德教育理论的几点设想[J].教育研究,1997,18(12):27.

重大学生的主体地位和独立人格,激发其自我教育的自觉性与积极性,让他们在开放的环境中辨析善恶美丑、进行价值选择,真正成为价值观生成的行为主体。

其次,要注重培养大学生的价值选择能力,提高大学生的价值判断和价值选择水平。价值澄清理论非常重视发展学生的价值选择能力。拉思斯认为:"在我们看来,'她如何获得价值观'这一问题比'她获得了什么价值观'更为重要。"①在拉思斯看来,道德教育的目的不是向学生传授和灌输特定的价值观,而在于教给学生一些澄清价值的技巧和自我评价、自我指导的能力。② 因此,价值澄清理论鼓励学生在通过自我经验形成现有价值观的基础上进一步思考,从而提高他们进行价值判断与价值选择的能力。价值澄清学派的这些观点至今仍能给我们提供一些启示。在当代中国,大学生经常会面临着价值选择、价值冲突。但长期以来,我国的价值观教育一直试图向大学生传授某种不容置疑的、固定的价值观念。在相对稳定和封闭的社会中,这种教育模式有其发挥效能的可能性;但在多元价值并存的社会中,鲜活的现实、活跃的媒介不断推动着大学生认知方式的转变,传统价值观教育的效果不再尽如人意。面对现实生活中日益增多的价值选择,只有培养大学生的自主认知与选择能力,才能让他们在价值辨析的基础上形成正确的价值观。

第三,建立平等合作的师生关系,营造大学生接受社会主义核心价值体系的良好氛围。价值澄清理论强调创造一个平等且互相尊重、激励的氛围,在师生之间建立起平等、真诚和相互信任的关系。他们还主张教师对学生完全地尊重,从"教会顺从"的训导者变为"教会选择"的指导者、导航者或治疗者。价值澄清理论关于师生平等的观点无疑是值得肯定的。在大学生培育社会主义核心价值体系中,需要在积极的师生互动中实现价值观念的建构。师生在日常学习与生活中应该保持民主、平等的交流,常常就人生的重点、难点、焦点、热点问题进行深入探讨、启发碰撞。只有使学生在和谐的氛围中敞开心扉,表露出自己的观点、闪现出思想的火花,教师才能因势利导,

---

① 拉思斯.价值与教学[M].谭松贤,译.杭州:浙江教育出版社,2003:7.
② 曹清燕.价值澄清理论与大学生思想政治教育[J].重庆教育学院学报,2005,18(4):9.

帮助学生树立自己的价值观。当然,强调建立民主、平等、互助合作的师生关系,并不是否认教师的主导作用。大学生是不成熟的主体、发展中的主体,其主体性需要教师予以激发,师生除了进行人际交往外还有着教育性的交往,在这样的交往中,教师要给学生以指导,而不是做纯粹的旁观者。

第四,要关注大学生的日常生活,引导大学生在生活中接受社会主义核心价值体系。价值澄清理论认为,人们的价值观发端于富有变化的生活,来源于人们在生活中获得的经验。为此,价值澄清理论更为关心学生的日常生活,以及那些在学生日常生活中能起到"价值指示"作用的态度、情感、活动、信仰、目标、抱负、兴趣和烦恼等问题。长期以来,我国大学生价值观教育在一定程度上脱离了大学生的生活实际,教育内容往往经过处理,与学生所接触的社会现实有很大的差距,其效果必然低下。要提高当代大学生社会主义核心价值体系教育的效率,应当回归大学生的生活世界,引导他们在纷繁复杂的社会现实中,确立价值评判标准,选择价值实现的现实途径。教师应贴近大学生生活,围绕大学生在学习、健康、生活、交友等方面遇到的现实问题,让价值观教育"融入"生活实际。要贴近大学生生活,就要求教师对社会生活中的价值冲突与大学生内心世界的价值冲突予以观照,引导学生在现实遭遇中、在内心世界的价值冲突中,感受、体验、觉知、理解价值准则。

三、价值澄清理论的不足及借鉴中应注意的问题

价值澄清理论认为,每个人都有与众不同的价值观,既然如此,价值观就是相对的,社会中不存在一套人们所公认的道德原则或价值观。这种相对主义虽然有助于学生选择自己的价值观,但它容易导致价值观混乱和无政府主义。因此,借鉴价值澄清理论,应采取辩证的态度,注意处理好一元主导与多元共存、教师中立与教师引导以及教师灌输与学生自主选择等关系[①]:

首先,要正确处理一元主导与多元共存的关系。既要正视当代大学生

---

① 叶莉英.基于价值澄清理论的大学生价值观教育探析[J].宁波大学学报(教育科学版),2009(6):100-104.

价值观念多元化的现实,又不能放弃对当代大学生的一元引导。一方面,对于当代大学生多元化的价值追求,要"尊重差异、包容多样";另一方面,又要坚持用社会主义核心价值体系引领、统摄、整合当代大学生多样化的价值观念。

其次,要正确处理教师中立与教师引导的关系。既要尊重受当代大学生的主体性,又应坚持教师对当代大学生价值选择的引导。教师是社会"主导价值"的代言人,应代表社会引导学生选择价值、体验价值、澄清价值,形成属于自己又符合社会要求的价值观。

最后,要正确处理好教师灌输与学生自主选择的关系。当代中国大学生是在传统的价值观教育(灌输)中成长起来的,有的缺乏价值选择的能力。面对价值选择能力较弱的大学生,学校与教师如果只鼓励自由选择而不加以引导,无异于放任自流。基于这样的现实,在当代中国大学生价值观教育中,要以学生的自主选择为基础和起点,在帮助他们提高认识、分析、判断能力和价值选择能力的同时,采用多种具体方法渗透社会主义核心价值体系。

(本文发表于《山东青年政治学院学报》2012年第4期,获2012年度山东省高校学生教育与管理工作优秀科研成果二等奖)

价值澄清理论视野下大学生价值观教育创新

曹彦杰　王凯旋

（临沂大学,山东临沂,276000）

摘　要：随着市场经济的深入发展和价值观念的多样化趋势,大学生价值观教育的传统理念与方法捉襟见肘。价值澄清理论主张教给学生澄清价值观念的技巧与价值选择的能力,这符合大学生价值观念多样化的实际;借鉴价值澄清理论改进大学生价值观教育将成为时代的选择。当代中国大学生价值观教育中要尊重大学生的主体地位,发挥大学生在价值观念形成中的主体作用;注重培养大学生的价值选择能力,提高大学生的价值判断和价值选择水平;建立平等合作的师生关系,营造大学生接受社会主义核心价值体系的良好气氛;关注大学生的日常生活,引导大学生在生活中接受社会主义核心价值体系。

关键词：价值澄清理论；大学生；价值观教育

党的十八大报告提出,要深入开展社会主义核心价值体系学习教育,用社会主义核心价值体系引领社会思潮、凝聚社会共识。培育和践行社会主义核心价值观,全面提高公民道德素质,是实现中华民族伟大复兴的必然选择。大学作为思想的策源地和文化传承场所,在引领先进文化、坚持核心价值观教育上责无旁贷地担负着历史使命,加强和改进大学生价值观教育成为教育者面临的新的时代课题。

一、大学生价值观教育创新的紧迫性

多年来,高等院校在大学生价值观教育中积累了丰富的经验,取得了显著的成效。但是,随着社会环境的深刻变化,当代大学生的价值观生成过程呈现出新的规律,价值观呈现出新的特点,传统的价值观教育的理念、内容、

---

① 本文系国家社科基金项目"大学生社会主义核心价值体系建设研究"（项目批准号:08BKS052）的成果之一。

方法与途径逐步显露出不足。一些传统方法与途径,有的失去了优势,有的饱受大学生的抨击。观念的陈旧、内容的落后、方法的僵化和途径的单一,已成为制约当代大学生社会主义核心价值观教育实效性的重要因素。

在教育理念上,长期以来我国高校的价值观教育习惯于对学生从外部施加价值灌输,而学生则处于接受者、被塑造者的客体地位,因而忽视了学生的主体地位和主体性的发挥。在教育内容上,受传统教育的影响,目前我国高校的价值观教育的内容仍然意识形态性较强,价值观念较为单一。一方面,对学生关心的学习、交往、做人、心理、就业等内容关注不够,脱离学生的生活实际;另一方面,多元化的价值观念与单一价值观念产生冲突。脱离生活实际的德育内容只能沦为机械枯燥的教条,其结果必然导致效率低下。因为当代大学生并不是生活在真空之中,随着改革开放的不断深入,西方文化和大众文化的广泛传播对当代大学生的思想产生了很大的冲击,他们在家庭、社会中耳濡目染,会形成自己的"道德框架",当学校价值观教育与他们的实际生活体验相悖时,他们不会将其纳入自己的"道德框架",而是产生抵触情绪。

近年来,随着科学技术尤其是网络技术的发展,BBS、E-mail、QQ、博客和聊天室等大量社交性媒体成为当代大学生学习、交流的平台和渠道,网络生活成为大学生生活的重要组成部分,各种正确的和错误的思想影响和冲击着大学生的精神世界,并成为影响大学生价值观形成的重要渠道。然而,传统的价值观教育路径仍然集中于课堂讲授和灌输,网络平台和其他社会价值影响路径没有很好地纳入价值观教育的主渠道,影响了价值观教育的有效性。在当代中国,社会价值观念更加多元、价值选择更加自由,大学生经常会面临着价值选择、价值冲突。但长期以来,我国传统的价值观教育重特定价值的灌输,轻价值选择能力的培养。这种教育试图向青少年传授某种不容置疑的、固定的价值观念,且努力采取多种措施使学生接受并最终形成大多数人所认可的价值观念。在相对稳定和封闭的社会中,这种教育有其存在的合理性,但在多元价值并存的社会中,鲜活的现实、活跃的媒介不断推动着大学生认知方式的转变,正统的、主流的、过去占绝对统治地位的思想意识及其教育的影响力日渐减弱,效果不再尽如人意。

二、价值澄清理论对改进大学生价值观教育的作用

价值澄清理论是 20 世纪美国最有影响的道德教育理论。作为一种教学方法,价值澄清早在 20 世纪 20 年代就已经出现。1966 年,纽约大学教育学院教授拉思斯与哈明、西蒙等人合著的《价值与教学》一书的出版,标志着价值澄清理论发展成为一个独立的德育理论流派。美国教育学家巴里·查赞教授在《当代道德教育方法》一书中曾这样评价:"一般来说,价值澄清理论与方法受到的尊重是比不上涂尔干、柯尔伯格与杜威的地位的。但是我们认为,在 20 世纪,这种学说比其他德育学说,有更大的实际意义与重要性,它可能是当代价值教育方法的最为典型的代表。"[①] 20 世纪 70 年代以来,由于具有显著的可操作性和实效性,价值澄清理论在学校道德教育实践中得到广泛推广与应用。价值澄清学派认为,由于社会上存在着多种不同的价值观,传统的道德说教和榜样教育不能从根本上解决学生的价值认同,反而会引起学生对道德教育的怀疑。因此,学校要更新传统的教育方法,通过一系列的价值澄清策略,让学生通过批判性的思考,学会自我评价和自我分析,从而实现自我价值观的澄清,并根据自己选定的价值观做出道德决定和道德行为。价值澄清方法的主要任务不是传授"正确"的价值观,而是帮助学生澄清他们的价值陈述和行为。价值澄清理论是一套完整的理论体系,基本主张体现在以下几个方面。

第一,价值澄清理论提出,价值澄清的过程必须要经历"三个阶段""七个步骤"。其中第一阶段为"选择"阶段,包括"自由地选择""从各种可能选择中进行选择""对每一种可能选择的后果进行审慎思考后做出选择"三个步骤。第二阶段为"珍视"阶段,包括"珍爱,对选择感到满意""愿意向别人确认自己的选择"两个步骤。第三阶段为"行动"阶段,包括"根据选择行动""以某种生活方式不断重复"两个步骤。这样的过程,要求教师在课堂教学中避免机械地道德灌输,而要形成一种非权威的评判气氛,使学生通过自

---

① CHAZAN B. Contemporary Approaches to Moral Education:Analysis Alternative Theories[M]. New York:Teachers College Press,1985:82.

己的价值选择,最终形成自己的价值观。价值澄清理论认为,经过"三个阶段""七个步骤",不用教育者特别强制与限定,学生也最终会走上正确的价值选择之路。

第二,价值澄清理论提出了价值澄清的四个要素:一是以生活为中心。价值澄清要求引导人们把注意集中在生活中的某些方面,而这些方面恰恰暗示着他们所珍视的东西,或者是他们的行为、态度、目标、兴趣、抱负、情感、烦恼等,或者是一般的生活问题,尤其是经常使生活复杂化或使价值问题显得扑朔迷离的问题。二是对现实的认可。价值澄清要求从整体上接受他人,这种认可意味着帮助他人接受自我,互相开诚布公,不管他们的思想或情感是多么混乱或消极。这就要求不管别人的言行如何,不必表示赞成或反对。三是鼓励进一步思考。价值澄清要求人们不能仅仅停留在认可的水平上,而应鼓励学生进一步思考,更加全面地思考价值问题,使学生更加清楚他们所珍视和珍爱的事物,更好地把选择整合到日常行为之中。四是培养个人能力。价值澄清方法要求人们深思熟虑地看待价值问题,以便更好地整合其选择和行动。总之,价值澄清的方法不仅要致力于促进学生思想、情感和行为的整合,而且致力于传授给学生离校后独自运用方法的技能。[①]

第三,价值澄清理论认为,最灵活的价值澄清策略是教师针对学生的言行做出"澄清反应",从而鼓励学生进行特别的思考。有效的"澄清反应"应满足十个条件:一是避免道德说教、批评、向学生灌输价值观或进行评价;二是使学生有责任检查自己的行为或思想,并独立思考和决定他们的真正需要;三是在向学生提出澄清问题时,要考虑到学生不做检查、决定或思考的可能性;四是要创造一种氛围,激发学生思考自身言行,通过众多澄清反应,累积成价值澄清的效果;五是因目的不在于获得资料,而是帮助学生澄清自己的思想和生活,所以不适用访谈;六是教师最好在进行两三个来回的对话后,便主动但委婉、真诚地中断对话,而不应扩大讨论;七是主要针对个人进行,即使面向群体就受到普遍关注的问题做出澄清反应,也要求个体

[①] 刘燕. 价值澄清理论述评[J]. 哈尔滨学院学报,2005,26(4):97-100.

最终进行独立思考;八是不对每一个学生在课堂上的一切言行做出反应;九是适合在涉及情感、态度、信仰或目的等没有"正确"答案的情景中发挥作用;十是不严格遵循某种格式,教师在牢记目的的情况下,必须富于创造性和洞察力地运用澄清反应。

第四,价值澄清理论认为,价值澄清的具体方法有二十几种,其中最主要的是对话、书写、讨论等方法。① 对话法通常指向单个学生,以短暂的、非正式的对话方式出现在课堂上、走廊上、操场上或其他教师能接触到学生的任何地方,通过教师对学生所说的话或所做的事做出反应,促使学生在头脑中提出问题,反省自己的生活、行为和思想,从而澄清他们自己的价值观。对话法主要针对那些对自身价值观不明确的学生。书写法是经过精心设计的、深层次的价值观思考,主要用于那些不大适合于口头交换意见的场景和问题。教师从中选择某一能引起深思的问题,并设计相关问题,复制后分发给学生。先由学生独立做出回答,并将答案写在纸上,然后学生之间或师生之间就这些答案进行交流。运用书写法,一是要选择有价值意义并容易出现价值冲突的社会问题,并巧妙地设计问题;二是要求个体独立并谨慎地回答问题,并且坚决要求书面回答;三是在独立完成价值书写后,鼓励学生公开自己的答案,并与同学或教师进行小范围的交流。讨论法主要通过集体讨论帮助学生更加明确自己的价值观,并努力理解别人的价值观。为避免集体讨论变成无意义的争论或是少数几个健谈学生的私下讨论,制订计划时,一是要认真选择学生深感困惑的问题,设计出富有价值意义的主题;二是要求所有学生在讨论之前安静地思考问题,并最好做笔记,给每个学生留有思考的余地;三是要把学生分成若干小组进行小范围内的讨论,尽量使每个学生都有发言的机会,并要求每个学生做笔记;最后是帮助学生获得知识,通过让小组派代表在全班发言,相互交流学到的知识。

价值澄清理论反对传统的道德灌输,力图减少学生的价值混乱,发挥学生在价值选择中的主体作用,给道德教育注入了新鲜的血液。价值澄清理

---

① 洪棋文,陈红. 美国学校德育的价值澄清理论评析[J]. 衡阳师范学院学报,2007(4):123-126.

论不是以逼迫或强加的方式将"正确的"价值传授给他人，说服学生接纳这种"正确的"价值，而是相信学生可以凭借自己的力量形成自己的价值观，并创设情境帮助学生独立思考，这对于学生形成自由探究、深思熟虑的思维方式和理性思想是有帮助的。价值澄清理论突破了传统的教育模式，创造出一种尊重学生、以轻松的交谈为形式的教学方法，这样的交谈更容易让学生接受，也更容易使学生形成自己的思维。价值澄清理论不局限于一些抽象空洞的教条式价值，也不是要求学生不加考虑地背诵一些教条式的美德，而是更加注重将价值观与现实生活联系起来，引导学生自己思维。无论学生最终会选择什么，但至少是经过了他们自己思考的。当传统道德教育方法满足于学生"假装"相信某种道德时，价值澄清注意到将道德内化，强调学生要珍视自己的选择并为之行动，这比道德教育只停留在口头上的夸夸其谈要好得多。[①]

三、价值澄清理论对当代大学生价值观教育的启示

价值澄清理论教给学生澄清价值观念的技巧与价值选择的能力，对我国大学生社会主义核心价值体系建设有着积极的借鉴意义。首先，价值澄清理论试图应对人们的思想意识复杂多变、社会的价值观念趋向多元等时代性挑战，这些挑战也是当前我国大学生价值观教育所面临的问题。价值澄清理论注重自由选择、尊重学生的主体性、关注生活等人本教育理念及其民主互动的教学方法和澄清策略，也是我国大学生社会主义核心价值体系建设所要借鉴的。其次，价值澄清理论认为国家法律是价值选择的最高限度，选择必须在法律许可内进行。价值澄清的价值，既是有个人兴趣爱好的价值，又是有社会限制的价值。这在一定程度上契合了当前中国"以社会主义核心价值体系引领大学生价值选择"的基本原则。再次，价值澄清模式鼓励学生对价值观内容再思考，促进学生思维、情感和行为的发展，重在培养学生追求终身所需的价值观的态度和能力，这些主张也契合我国当前的教育理念。价值澄清理论尊重学生的主体地位，注重培养学生的价值选择能

[①] 周瑜.关于价值澄清理论的几点思考[J].思想政治教育研究,2005(5):22-23.

力,期望学生通过在日常生活中价值澄清的过程,自主完成价值选择,形成某种价值观。此外,价值澄清理论还为教师提供了一些具体的德育实施方法、实施途径。价值澄清理论的这些理论主张及其实施方法、实施途径,对推进我国大学生社会主义核心价值体系建设具有重要的启示作用。

(一)发挥大学生在价值观念形成中的主体作用

价值澄清理论认为,传统的价值观教育忽视学生的主体性,试图以片面的外部灌输作为促进学生价值观发展的根本动因,而不考虑学生的主观思想品德需要,实质上把学生当成了不清楚自己需要、没有行动能力的"人",当成了被动的、只需接受先进思想品德的"容器"。即使是树立榜样、说服劝告、激励、制定规章、运用文学作品等方法,实质上也是在试图把预先设定的"正确的"价值观兜售、推销、强加给他人,因而也多少有灌输的味道,只是某些方法比另一些方法更巧妙一点而已。这样的价值观教育,无论动机是多么善良,用以灌输的思想品德是多么高尚,但是把人当作思想品德容器的思路和做法,泯灭了学生的主体性,也违背了人的思想品德形成与发展的基本规律,因而成效总是不佳。针对这种状况,价值澄清理论强调,道德或价值观不是靠传授获得的,而是经过自由选择、珍视和行动澄清出来的。教师应尊重学生在品德发展中的主体地位,注重学生主体性与积极性的发挥,帮助学生澄清存在于头脑中的某些困惑和模棱两可,培养他们深思熟虑地进行自我指导的能力,引导他们形成与其价值观念一致的独特生活方式。就我国高校的价值观教育而言,长期以来,习惯于对大学生施加外部道德影响,忽视了学生的主体地位和主体性的发挥。在这个过程中,占主体地位的是教师,学生则处于接受者、被塑造者的客体地位。"这种教育模式因其忽视现代社会开放和价值多元的事实,忽视道德教育之固有的主体性本质,以及忽视现代社会对主体性和创造精神的呼唤,而在解释现实的社会道德问题,解决青少年道德价值观冲突面前日显苍白。"[①]在大学生社会主义核心价值体系建设中,要改变这种被动状态,就应该借鉴价值澄清理论,充分尊重大

---

① 戚万学.关于建构中国现代道德教育理论的几点设想[J].教育研究,1997,18(12):27.

学生的主体地位,发挥大学生在价值观念形成中的主体作用。大学生在价值观念上的发展和完善,主体性的发挥是最为主要的决定因素,只有充分尊重大学生的主体性地位,才能有效地培养大学生的主体性价值观念。教师必须从了解和把握大学生的利益以及需求出发,尊重大学生的主体地位和独立的人格尊严,激发其自我教育的自觉性与积极性,让他们在开放的环境中辨析善恶美丑、进行价值选择,使他们在品德形成过程中学会自我调控、自我激励、自我完善、自我超越,真正成为价值观生成的行为主体。

(二)提高大学生的价值判断和价值选择水平

价值澄清理论非常重视发展学生的价值选择能力,认为如何获得观念比获得怎样的观念更重要。拉思斯认为,"在我们看来,'她如何获得价值观'这一问题比'她获得了什么价值观'更为重要","我们不能教给儿童一套绝对的价值,但我们却能教给他们一些完好的东西,我们可以教给他们用来获得自己的价值的方法"。① 在拉思斯看来,道德教育的目的不是向学生传授和灌输特定的价值观,而在于教给学生一些澄清自己价值的技巧和自我评价、自我指导的能力,提高他们分析、处理道德问题和社会问题的能力,使他们能适应复杂多变的生活。② 价值澄清理论致力于纠正那种认为道德习惯完全是外界迫使个人形成的观点,鼓励学生在通过自我经验形成现有价值观的基础上进一步思考,从而提高他们进行价值判断与价值选择的能力。③ 作为一种道德教育的理论和方法,"价值澄清"的合理之处就是要讲究方法艺术,尊重学生的主体地位,坚持自由选择与限制的统一。价值澄清学派的这些观点至今仍能给我们提供一些启示。面对现实生活中日益增多的价值选择,只有培养大学生自主认知与选择的能力,才能让他们在价值辨析的基础上形成正确的价值观。大学生社会主义核心价值体系建设不能再封闭性地围绕某种"正确""理想"的价值观运作,而应树立一种"教会选择"的新理念,从"给现成结论"向"给分辨武器"转变,让大学生勇敢面对现实,在

---

① 拉思斯.价值与教学[M].谭松贤,译.杭州:浙江教育出版社,2003:9.
② 曹清燕.价值澄清理论与大学生思想政治教育[J].重庆教育学院学报,2005(4):9.
③ 拉思斯.价值与教学[M].谭松贤,译.杭州:浙江教育出版社,2003:2.

多元化的社会环境中,经过价值"澄清"、价值冲突,培养价值判断力,生成与现实社会相适应的价值观念,并把自己的价值经验内化为稳定的行为习惯。

(三)建立平等合作的师生关系

价值澄清理论认为,在价值澄清过程中,教师对学生的尊重、热爱是学生形成自身价值观念的重要条件。因此,价值澄清理论强调创造一个平等且互相尊重、激励的氛围。拉斯思等人认为,价值澄清要想取得良好效果,教学气氛的营造至关重要。① 教师的作用是给学生提供一个宽松的环境,在师生之间建立起平等、真诚和相互信任的关系,力求消除彼此间的绝缘层,让学生意识到自己的想法,而不是盲目地受他人干扰。他们还提出了教学实践中教师应遵循的十条准则,主张教师对学生完全地尊重,从"教会顺从"的训导者变为"教会选择"的指导者、导航者或治疗者,帮助学生发展和利用自己的能力,重新确立正确的价值体系。价值澄清理论关于师生平等的观点无疑是值得肯定的。大学生社会主义核心价值体系建设是在积极的师生互动中实现价值观念建构的过程,在这个过程中,大学生一般不是先与规范本身发生作用,而是先与规范的倡导者或制定者发生作用。而教师是社会规范的承载者,师生关系直接影响到大学生对社会价值规范的接受态度。师生交往中大学生的情感体验决定了他们是否将外在的价值观念转化为自身内在的需要,这种情感集中表现为爱的需要、尊敬感和归属感的满足,而良好的师生关系是这些情感要素的承载者。在以往的大学生社会主义核心价值体系建设工作中,大学生的主体地位往往得不到足够重视,教师指挥者和命令者的角色常常使大学生产生疏离感。按照价值澄清理论,师生在日常学习与生活中应该保持民主、平等的交流,常常就人生的重点、难点、焦点、热点问题进行深入探讨,启发碰撞。只有使学生在和谐的氛围中敞开心扉,表露出自己的观点、闪现出思想的火花,教师才能因势利导,帮助学生树立自己的价值观。当然,强调在价值观教育中建立民主、平等、互助合作的师生关系,并不是否认教师的主导作用,价值澄清理论也并非要求教师完全

---

① 曹清燕.价值澄清理论与大学生思想政治教育[J].重庆教育学院学报,2005(4):9.

中立。大学生是不成熟的主体、发展中的主体,其主体性需要教师予以激发,师生除了进行人际交往外还有着教育性的交往,在这样的交往中,教师要给学生以指导,而不是做纯粹的旁观者。

(四)关注大学生的日常生活

价值澄清理论认为,人们的价值观发端于富有变化的生活,来源于人们在生活中获得的经验,学生只有在生活中掌握并检验适合自己的价值观,才能适应复杂而多变的世界。因此,只有融入学生的生活实际进行价值观教育,使学生根据个人发展的需要吸纳取舍,学生才能主动承担道德责任,价值观教育才能摆脱沦为"空谈"的厄运。为此,价值澄清理论更为关心学生的日常生活,注意力放在如何解决学生对待闲暇时间、如何处理与朋友的人际关系,以及那些在学生日常生活中能起到"价值指示"作用的态度、情感、活动、信仰、目标、抱负、兴趣和烦恼等问题上。拉思斯认为:"如何处理生活中常见的友谊、恐惧、合作、爱情、贫穷、金钱、暴力等问题,这些不是学生个人的问题,而是重要的社会问题。并且正是这些问题使生活复杂化,并造成价值问题显得扑朔迷离。"①因此,价值澄清理论主张,价值观教育不应采取灌输的方式自上而下地将现成的知识和技能传授给学生,而应以学生的实际生活经验和学习活动为出发点,通过评价的实践过程使他们获得价值观。大学生社会主义核心价值体系建设要提高效率,应当借鉴价值澄清理论,回归大学生的生活世界,引导大学生在纷繁复杂的现实生活和大学生个体的特殊生活世界中,确立主体性的价值评判标准,实现对社会、他人以及自我的理解和认同,选择实现和提高自我价值的现实途径。教师应贴近实际、贴近生活、贴近大学生,围绕大学生在学习、健康、生活、交友等方面遇到的现实问题,增强教育的亲和力,有针对性地开展价值观教育,让价值观教育"融入"生活,变得更加真实。贴近生活、贴近实际、贴近大学生,就要求教师对社会生活中的价值冲突与大学生内心世界的价值冲突予以观照,引导学生在现实遭遇中、在内心世界的价值冲突中,感受、体验、觉知、理解价值准则。离开客观存在的问题和矛盾,大学生若不经过严肃的理性反思就轻易地接

---

① 拉思斯.价值与教学[M].谭松贤,译.杭州:浙江教育出版社,2003:2.

受现成的价值观,既无法使这种价值认可持续下去,也无法形成必要的价值辨别与选择能力来应对复杂的现实生活。

四、利用价值澄清理论进行价值观教育的原则

价值澄清理论是 20 世纪美国最有影响的道德教育理论之一,但由于以道德相对主义理论为基础,带有天然的不足。价值澄清理论认为,每个人都有与众不同的价值观,既然如此,价值观就是相对的,就可以随着个人的经验而变化;社会中不存在一套人们所公认的道德原则或价值,因此,价值是不可教的,教师和其他学生应该尊重别人的价值观,对他人的选择不便进行明确的是非判断。这种道德相对主义虽然有助于学生选择自己的价值观,但它容易导致价值观混乱和无政府主义,这显然和它所倡导的澄清价值混乱的初衷相背离。价值澄清理论所秉持的道德中性思想破坏了人们对客观道德规范的信仰,弱化了群体和社会的作用,反而加剧了社会的不稳定。因此,从 20 世纪 70 年代后期开始,价值澄清方法开始受到人们的批评。今天我们借鉴价值澄清理论,应采取辩证的态度,去其糟粕,取其精华,为我所用。在大学生社会主义核心价值体系建设中借鉴价值澄清理论,更要考虑中国国情与社会现实,避免出现错误的导向。在具体借鉴过程中,需要注意处理好三个关系[①]:

第一,要正确处理一元主导与多元共存的关系。多元化是大学生价值观教育不可逾越的社会现实,在教育过程中必须正视受教育者价值观的多元化,但是不能放弃对大学生的一元主导,即以社会主义核心价值体系引导和教育大学生。必须坚持一元主导向与多元渗透的辩证统一,打破它们相互对立的思维模式,改变将两者完全对立的偏见。一方面,对于多元化的社会思潮和价值追求要"尊重差异、包容多样"。我们强调要坚持以社会主义核心价值体系引领社会思潮,在这里,"引领"本身就蕴涵着尊重差异性、包容多样性。另一方面,坚持社会主义核心价值体系的主导地位。我国高校

---

① 叶莉英.基于价值澄清理论的大学生价值观教育探析[J].宁波大学学报(教育科学版),2009(6):100-104.

培养的是社会主义事业的建设者和接班人,必须积极建设当代大学生的社会主义核心价值体系。越是面对思想文化和价值观念的多样化,就越需要我们强调和坚持指导思想和主导价值的一元化,用社会主义核心价值体系引领、统摄、整合多样化的价值观念。要通过倡导积极的、支持有益的、改造落后的、抵制腐朽的,实现弘扬主旋律与提倡多样化的有机统一,使大学生价值观教育在多元中立主导,在多样中谋共识,减少思想冲突,增进社会认同。

第二,要正确处理教师中立与教师引导的关系。价值澄清理论主张"教师中立",强调教师对学生的价值观持不干预态度。"所谓教师中立,根据拉思斯等人的观点,一方面是指教师不能将任何特定的价值、信仰或价值观强加给儿童,他的作用在于发展一系列不包含任何特定内容的澄清技巧;另一方面,所谓中立,指教师自己的价值、信念、行为和个人的生活方式不能直接影响他的教学活动。"①这种观点虽然看到了学生的主体性作用,但忽视了教师的主导作用,淡化了德育过程中的教育性,并且把学生的主体作用任意夸大,导致学生德育的放任、放纵,产生了一系列严重的社会道德问题。因此,在价值观教育过程中,既要尊重受教育者的主体性,又应坚持教育者的主导作用,加强对学生价值选择的引导。教师是社会的代表,是社会"主导价值"的代言人,以"主导社会价值"引导大学生是教师课堂教学活动的社会规定性要求。在价值澄清过程中,教师不应领着价值走向学生,而应引导学生选择价值、体验价值、澄清价值。"引导"的核心意义在于教师要善于引发学生结合教学内容或面临价值冲突时进行思考、选择,并形成属于自己又符合社会要求的价值观。

第三,要正确处理好教师灌输与学生自主选择的关系。价值澄清理论反对道德灌输,主张自由选择。这在一定程度上体现了对道德主体自由意志的尊重,深刻地反映了道德的本质特征。但是,过分强调自由选择的价值澄清方法并不完全适合我国价值观教育的实际情况。从现实情况来看,我国目前的大学生是在以灌输原则为主导的传统价值模式中成长起来的,缺

---

① 戚万学,杜时忠. 现代德育论[M]. 济南:山东教育出版社,1997:378.

乏自主的认识、分析、判断道德问题从而做出价值选择的能力和习惯。在目前各种价值观念及其文化意识形态互相碰撞、排斥和融合的环境中,面对价值选择能力较弱的大学生,学校与教师如果只鼓励自由选择而不加以引导,无异于放任自流。这样的结果只会造成大学生对是非、善恶、美丑界限的模糊,从而陷入道德困境。因此,正确的态度应该是学生的自主选择与教育者适度灌输和积极引导要有机结合。具体说,就是要以学生的自主选择为基础和起点,在尊重学生的自主意识和个人选择的前提下,教育者采用多种具体方法渗透和灌输优良的道德价值观念,帮助学生提高认识、分析、判断道德价值的能力和价值选择能力。

(本文发表于《当代青年研究》2013年第1期,获2013年度山东省高校思想政治教育优秀成果一等奖)

打造"三个平台",拓宽价值观教育的阵地

王凯旋

(临沂大学,山东临沂,276000)

中共中央、国务院《关于进一步加强和改进大学生思想政治教育的意见》提出,要紧紧围绕育人这个中心,大力推动大学生思想政治教育"进网络、进社团、进公寓"。网络、社团、公寓是大学生日常生活的重要组成部分,是高校思想政治教育的新阵地、新途径、新载体。在高等教育大众化和互联网普及化的背景下,要把网络、社团、公寓打造为大学生价值观教育的新平台,拓宽大学生价值观教育的阵地。

一、把互联网打造为大学生价值观教育的新平台

互联网是当代大学生学习的新载体、生活的新空间。自1994年我国被国际社会正式承认为有因特网的国家以来,我国的网民以几何级数增长,其中最主要的用户是大学生。随着网络走进人们的日常生活,人们对网络的依赖越来越强,资料查询、电子通信、生活娱乐、信息沟通、网络传媒、远程教育等给人们的生活带来了巨大的变化,改变着人们的生活习惯、生活方式、思维方式和价值观念。互联网方便了人们的生活,开阔了人们的视野,扩大了人们的信息源,增加了人们的知识量,拉近了彼此之间的距离,创新了人们的思维方式;但另一方面,互联网的出现也对人们的价值观念、思想意识、伦理道德等形成了强烈的冲击。应对互联网的严峻挑战,已经成为意识形态工作不可回避的重大课题。21世纪之初,中央高层就对互联网的挑战有着清醒的认识,指出:"现在,互联网上的信息庞杂多样,泥沙俱下,还存在大量反动、迷信、黄色的内容。可以这样说,由于信息网络化的发展,已经形成了一个新的思想文化阵地和思想政治斗争阵地……我们的基本方针是积极发展,加强管理,趋利避害,为我所用,努力在全球信息网络化的发展中占据

主动地位。"①

在新的时空背景下,以社会主义核心价值观牢牢占领网络这一思想文化和思想政治斗争的新阵地,是大学生价值观教育取得实效的关键因素。推进大学生价值观教育"进网络",要做好三个方面的工作。首先,必须牢固树立阵地意识,积极拓展网络空间,运用互联网推进大学生价值观教育。当今时代,互联网发展已成燎原之势,在广大大学生中传播着各种知识信息、思想观念和价值观念,占领这块新阵地意义深远而重大。通过互联网,我们可以用全新的形式渗透社会主义核心价值观教育,引导人们树立正确的世界观、人生观、价值观。通过互联网,我们能更清楚地掌握大学生的思想脉搏、文化动态,引导他们摒弃腐朽落后的思想观念,形成健康的人生态度和价值尺度。在具体工作中,一是要努力建设好价值观教育专题网站与校园主网站。专题网站是大学生价值观教育的主阵地,校园主网站是大学生获取信息、学习知识和交流思想的主流网络平台。优秀的校园主网站或专题网站,应贴近实际、贴近生活、贴近学生,适应大学生的思想与心理需要,融思想性、知识性、趣味性、服务性于一体,成为广泛吸引人、为人喜爱、受人关注的重要媒体。二是要加强管理和引导,使各级各类社会性网站都承担起价值观教育的职责。网络是一个开放的世界,社会性网站登载的内容对人们有着更为潜移默化的影响。因此,各级各类社会性网站也必须以社会主义核心价值体系引领方向,营造大学生价值观教育的网络氛围,为人们提供丰富的精神食粮。重点新闻网站、各类门户网站应严格自律,不断创新,切实增强吸引力和感染力,在大学生价值观教育中发挥好导向作用。三是要综合运用各种手段,加强网站监管,掌握网络舆情,引导网上舆论。相关部门要加大网络监管和网络立法,建立和完善网络安全技术防控体系,提高网络信息突发事件的预防和应急处置能力。同时,要建立统一协调、反应灵敏、高效畅通的网上舆情收集反馈机制,及时了解舆情信息,密切关注网络动态,敏锐捕捉一些苗头性、倾向性、群体性问题,分析问题产生的原因、发

---

① 中共中央宣传部.毛泽东邓小平江泽民论社会主义道德建设[M].北京:学习出版社,2001:244.

展趋势及对人们价值观的影响,整合各种媒体资源,形成网上正面舆论强势。要组织既熟悉网络语言特点和规律,又高度认同社会主义核心价值观的网上评论员队伍,围绕热点问题主动撰写帖文,吸引人们点击和跟帖,有效引导网上舆论。

二、把大学生社团打造为价值观教育的新平台

大学生社团是价值观教育的重要园地。重视社团是高校的优良传统。多年来,高校学生社团在加强校园文化建设、活跃校园文化气氛等方面发挥了重要的作用。进入21世纪,在复杂的社会现实面前,大学生社团的作用更为突出,成为学生心理的保健院、素质提高的训练所、就业压力的减压阀、走向社会的缓冲带。新世纪的大学生大多出自独生子女家庭,从小在亲人的呵护下长大,自尊心极强,自我意识较重,心理较为脆弱,有些直到读完中学还没离开过父母身边。进入大学后,生活方式和学习方式改变,一些学生难以适应和承受,自尊心受到伤害,产生自卑心理。而丰富多彩的社团活动则为大学生提供了广阔的展现自我的舞台,不同的学生可以在不同的舞台上展示自己的长处、优点,找到自信心、自尊心,在自信的基础上再慢慢成熟。从这个意义上来说,大学生社团是学生心理的保健院。近年来严峻的就业形势对大学生的素质提出了更高的要求,同时也加大了大学生就业的心理压力。有些从业素质是从教材和课堂上学不来的,创办、参与各种类型的大学生社团,则能直接锻炼学生的组织管理能力与沟通交往能力,提高大学生运用各种专业知识的素质,这为他们选择心仪的职业增加了很多的筹码和机会,相对也使就业的压力得到缓解。从这个角度看,大学生社团是素质提高的训练所、就业压力的减压阀。大学生面对着来自社会的多重诱惑,而他们还没有形成较强的抵御社会诱惑的能力或驾驭社会生活的能力,如果在无任何心理准备和经验积累的前提下过早走向社会,很容易一失足成千古恨。但大学生早晚又得走向社会,因此也不能一味回避社会。在这种形势下,大学生社团就显得举足轻重。社团多由学生自主建立与维持,内容丰富多彩,既有校园特有的单纯,又有半社会性质的组织结构和运作方式,有些社团甚至也试探着将触角伸向社会一隅,能够极好地锻炼学生的社会生活

能力。由此可见,社团也是大学生走向社会的缓冲带,在加强校园文化建设、提高学生综合素质、引导学生适应社会、促进学生成才就业等方面发挥着重要作用,是新形势下大学生价值观教育的重要途径和有效阵地。

在中国高等教育发展史上,社团向来是学生思想交流的主要阵地,在各个时期都发挥了相当重要的作用。在新的历史时期,更要高度重视社团的思想教育功能,力促大学生价值观教育"进社团"。一是要把社团工作纳入大学生价值观教育领域,充分认识这一阵地在大学生价值观念发展中的重要作用。要大力支持社团开展活动,努力加强对社团的指导;要通过优秀社团评比展示、社团文化节、社团活动展演等方式,活跃社团活动,扩大社团影响,为社团发展注入活力、创造条件、搭建舞台、营造氛围;要加大对社团建设的投入,为社团活动提供必要的活动经费、活动场地、活动条件,保证社团活动正常开展;要充分调动专业教师的积极性,选派有专长、有责任心的教师指导社团建设。二是要重点抓好社团骨干队伍的建设与培养。要选拔培养那些思想过硬、作风正派、素质全面、工作能力强的学生担任社团负责人;要有计划地对社团负责人进行培训,有针对性地提高他们的综合素质;要帮助他们不断拓宽社团发展空间,增强吸引力和创造力,凝聚更多的学生;要把社团负责人和骨干人员纳入团学干部体系,在推优评奖和综合测评等方面充分考虑他们的工作业绩。三是要不断探索并健全社团发展的工作机制。要把社团活动作为学校贯彻党的教育方针、推进素质教育的重要组成部分;要把学生参与社团活动的情况作为《大学生素质拓展证书》记录的重要内容之一,并纳入学生综合测评体系之中,形成完善的评价机制;要定期对表现优秀的社团、成效显著的社团活动、工作出色的社团负责人、积极参与社团活动的学生、成绩突出的社团指导教师和工作人员给予适当的表彰和奖励,形成完善的激励机制;要以专家学者、干部教师和学生骨干为主体构建研究队伍,关注和研究社团发展中出现的新情况、新问题,掌握社团工作的动态信息,总结和把握社团发展的规律,为社团的繁荣发展提供理论支持。

三、把大学生公寓打造为价值观教育的新平台

公寓本来就是大学生日常生活和思想交流的主要场所,近年来在价值

观教育中的作用日益凸显。1999年以来的高校扩招,使我国高等教育由精英教育走向大众化教育阶段,但同时带来了一些问题:师资条件和管理体制赶不上扩招发展的需要,教室、学生公寓、餐厅、文体活动场所等更是无法满足学生需求。扩招前,教师授课基本上以班级为单位进行;扩招后,高校师资力量未能同步增长,几个班级、数百学生在大教室中听课成为常态。扩招前,大多数高校即使没有足够的固定教室,起码还有固定的自习室,班级还可以以固定教室或固定自习室为依托开展活动;扩招后,许多学生为不能轻易找到一个可以静心学习之地而苦恼,也就丧失了开展班级活动的传统阵地。在这些表面现象背后,隐藏着班级功能弱化的危机。当上课时几个班级数百人在一起,下课后又没有固定的班级活动场所时,一个班级的同学就很难熟悉起来,也很难一起开展活动,班级的凝聚力、向心力就大为减弱,以班级为基本载体的价值观教育的效果就大打折扣。在这种背景下,推进大学生价值观教育,在空间上就必须寻找新的载体,这个新的载体作为一个宏观概念就是学生公寓,作为一个微观概念就是每一间学生宿舍。因为就个体而言,大学生每天在宿舍中度过的时间是最多的;就群体而言,同一个宿舍的同学朝夕相处,生活在一起。这个空间在扩招之前事实上就存在,但其重要性被有更强凝聚力与向心力的班级(固定教室)所覆盖;扩招后,由于班级功能的被动弱化,公寓或者说宿舍作为价值观教育空间的功能就被凸显出来。抓住这个空间,大学生价值观教育就抓住了一个现实的载体。

在高校学生宿舍管理公寓化、社会化与学生不断扩招的形势下,大学生价值观教育"进公寓"在一定意义上是一项全新的工作。面对新形势、新任务,高校应针对当前大学生公寓的特点和大学生学习、生活的特点,积极探索以公寓为基地开展大学生价值观教育的方式和途径。公寓是大学生的校园之家,它应有一个舒适温馨的环境。做好大学生价值观教育"进公寓"工作,必须适应公寓特点,积极融入学生的生活。在具体工作中,一是要建立全新的组织形式和工作机制。辅导员要发扬"深入群众"的优良传统,进驻学生公寓,与学生同吃、同住、同生活,及时了解学生的思想动态和生活需要,帮助他们解决实际困难;学生党团组织要建到公寓,成为价值观教育的龙头,充分发挥党团组织关心人、引导人、团结人、凝聚人的作用。二是要以社会主义核心价值观引导公寓中的大学生群体行为。公寓是学生的聚居地,各种信息在这里迅速流传,各种观点在这里迅速形成,各种行为在这里迅速发生。高校一旦对公寓中的学生群体行为失去控制,极易扰乱学校正常的秩序,进而扰乱社会秩序。因此,大学生价值观教育"进公寓"的一项重要任务,就是以与社会主义核心价值观相一致的团队精神、集体观念、奉献意识等核心价值引导大学生的思想和行为。三是要强化公寓文化设施建设,丰富公寓文化生活,构建有形的精神文化支撑。为增强大学生价值观教育"进公寓"的实际效果,必须加大对公寓文化建设的投入,如通过建立学生公共阅览室、学生活动室、宣传栏以及其他学生活动场所等形式,让有形的教育为无形的说教添加助力剂,更加科学有效地强化公寓的育人功能。

(本文系作者于2016年在光明日报出版社出版的《培育和践行社会主义核心价值观个案研究》一书第五章第四节的内容,该著作获评2016年度山东省理论人才"百人工程"优秀成果)

大学生价值观教育中活动载体的运用①

王凯旋　李纪岩

(海南热带海洋学院旅游学院,海南三亚,572022)

摘　要:校园文化活动、社团活动、社会实践活动和志愿服务活动等一系列大学生喜闻乐见的活动,是大学生日常生活的重要组成部分,也是大学生价值观教育的重要载体。高校应充分发挥这些活动载体的育人功能,推进大学生价值观教育。首先,校园文化活动要传播社会主义核心价值观;其次,社团活动要契合社会主义核心价值观;再次,社会实践活动要印证社会主义核心价值观;最后,志愿服务活动要践行社会主义核心价值观。

关键词:大学生;价值观;引领与培育;活动载体

习近平总书记指出:"要更加注重以文化人以文育人,广泛开展文明校园创建,开展形式多样、健康向上、格调高雅的校园文化活动,广泛开展各类社会实践。"②大学生的"化育"是一项复杂的系统工程,不仅需要遵循思想政治教育的"灌输"原则,通过高校思想政治理论课等课堂教学,让学生在理性上认知社会主义核心价值观;更需要灵活运用思想政治教育的"渗透"原则,通过丰富多彩的各类活动,让学生在情感上接纳社会主义核心价值观,进而在行动上自觉地践行社会主义核心价值观。大学生价值观教育的活动载体,既包括校园内的校园文化活动、社团活动等,也包括校园外的社会实践活动、志愿服务活动等。这活动构成了大学生日常生活的重要组成部分,深受大学生欢迎。高校应高度重视、充分发挥这些活动载体的育人功能,提

---

① 本文系教育部人文社会科学研究一般项目"引领与培育——当代大学生核心价值观生成的基础问题研究"(13YJC710017)、海南省哲学社会科学规划课题(思政专项)"习近平新时代青年思想政治教育思想研究"(HNSZ2018-30)的研究成果之一,同时受海南热带海洋学院科研启动项目"习近平新时代青年价值观培育思想研究"资助。

② 新华网. 习近平:把思想政治工作贯穿教育教学全过程[EB/OL]. (2016-12-08)[2022-02-11]. http://www.xinhuanet.com/politics/2016-12/08/c_1120082577.htm.

高大学生价值观教育的实效性。①

一、校园文化活动要传播社会主义核心价值观

与中小学相比,高校校园文化更加丰富多彩,比较常见的有以影视展播、话剧表演、歌舞比赛、文艺汇演、演讲比赛、读书会、知识竞赛为活动形式的各种文娱活动;围绕传统节日、历史事件纪念日、历史名人纪念日而策划的常规性庆祝活动,或者聚焦国家现实政治生活中的某一重大主题而即时策划的庆祝活动;以各类球赛、棋类大赛、龙舟赛、马拉松、田径运动会为代表的各种体育活动。高校校园文化活动贴近大学生生活,形式丰富多彩,构成大学生日常生活的文化土壤,深受大学生欢迎。这些活动具有经常性、广泛性、娱乐性等特点,在丰富大学生生活、陶冶大学生情操、增强大学生集体荣誉感等方面发挥着重要作用,是渗透社会主义核心价值观、进行隐性价值观教育的重要载体。

校园文化活动不仅能够以其普遍具有的趣味性、娱乐性、群体性让参与其中的大学生们感受到生活的乐趣,而且也有助于大学生磨炼意志、锤炼品格,培育健康的价值观念。首先,校园文化活动有利于大学生沟通交流、和谐相处。大学很少有固定的教室,班级管理比较松散,大学生一般在上课、参加班级活动时才见面,平常的沟通较少。个别同学有了心理负担、精神压力,除非常相伴的关系比较亲密的同学,否则难以及时疏解。在这种背景下,经常性的校园文化活动就成为把同学们联系起来,促进大家相互了解、交流沟通的重要载体。活动前的协商、集思广益,活动中的共同参与、相互配合,活动结束时面对胜利的喜悦分享、面对挫折的相互安慰,这些都会让参与者产生强烈的集体归属感、集体荣誉感。紧张、有序、欢乐、活泼、民主的活动氛围,有利于大学生更好地沟通。其次,校园文化活动有利于大学生锻炼体魄、净化心灵。网络时代,一些大学生或者沉溺于网络游戏中,或者沉溺于碎片化的网络阅读中,上网时间过长,体育锻炼和户外运动普遍不

---

① 李纪岩.引领与培育:当代大学生核心价值观生成的基础问题研究[M].北京:光明日报出版社,2018:67.

足。有时网上不健康的信息也侵蚀一些大学生的心灵,间接地摧残着个别大学生的身体。校园文化活动中的体育类活动,在一定意义上则能弥补互联网带来的消极影响,把一些大学生从网络中解救出来。体育类活动渗透着参与者的感情、兴趣、力量、毅力,传递着热情、感动、进取精神和拼搏精神,能够对冲网络生活对大学生身心带来的负面影响。最后,校园文化活动有利于大学生磨炼意志、熔铸品格。随着年龄的增长,决定大学生人生成败的,已经不是所谓的"智商"或"聪明",而是其意志力、勤奋度与抗挫折能力。这种意志力、勤奋度与抗挫折能力,大部分不是先天的,而是需要在后天炼就的。校园文化活动多具有竞争性、挑战性,有的甚至具有明显的对抗性。活动既充满着竞争与对抗,又要求团结与合作,参与者如何在活动中处理与他人的关系,能否面对困难坚持到最后,如何面对比赛的结果,都能反映出一个人的品质。校园文化活动的这些优势,使其成为大学生价值观教育的良好载体。

校园文化活动是培育大学生价值观的良好载体,但这种载体作用的发挥,不是自发的,更不是必然的。要发挥好校园文化活动的这种价值观教育的载体作用,需要高校思想政治工作者有意识地加以引导,在具体工作中,需要注意三点①:第一,校园文化活动的内容要贴近实际。校园文化活动内容贴近大学生学习、思想、生活的实际,群众基础好,大学生的参与积极性才高。高校思想政治工作者要深入调查研究,了解哪些校园文化活动最受学生欢迎,哪些校园文化活动最具有"德育承载力",投当代大学生之所好,最大限度地把社会主义核心价值观所倡导的内容融入大学生喜闻乐见的校园文化活动中,让大学生在不知不觉中受到文化的滋养、感情的熏陶、意志的磨炼、思想的锤炼和价值观的引领。第二,校园文化活动的形式要不断创新。年轻人都是求新的,校园文化活动的标新立异,也会增强对大学生的吸引力。现在一些电视台举办的真人秀活动吸引了大量年轻人,如某节目中的"撕名牌"活动就颇受大学生欢迎。高校也可以借鉴这些活动形式,创新校园文化活动的表现形式。唯有吸引更多的年轻人参加活动,才能扩大校

---

① 王小燕.思想政治教育活动载体研究[D].青岛:中国石油大学,2011:27.

园文化活动的受众面,其中蕴含的先进文化与核心价值观也才能引领和培育更多的年轻人。第三,活动组织要遵循规则。在组织校园活动时,一定要坚持原则,做到公开、公正、公平、诚信。这既是对社会主义核心价值观基本理念的遵循,也有利于保护大学生的积极性,满足大学生的精神需要。

二、社团活动要契合社会主义核心价值观

高校社团是大学生基于共同的兴趣爱好而结成的群众性组织。高校社团涉及的范围也非常广泛,有以学术研究、学术交流为活动内容的学术型社团,有以艺术创作、艺术欣赏为活动内容的艺术型社团,有以运动健身、体育竞技为活动内容的运动型社团,还有以志愿服务、义工服务等为活动内容的社会服务型社团。这些社团大多自发形成,在大学生中拥有数量众多的成员。一些兴趣广泛的大学生,甚至会同时参加几个社团,交叉参加数个社团组织的活动。社团活动一般具有知识性、趣味性、公益性等特点,是大学生价值观教育的重要载体。

社团活动一般主题鲜明,受众广泛,内容和形式均适合承载价值观教育的内容,因此,社团作为大学生价值观教育的载体具有鲜明的优势:第一,参与性强。社团活动一般由学生自发组织,具有广泛的群众基础。在校大学生普遍参加一个或数个社团,在社团活动中结交志同道合的朋友、培养综合素质。第二,凝聚力强。社团活动具有强大的吸引力和凝聚力,能够以共同的兴趣与爱好,把不同专业、不同性格、来自不同区域的大学生汇集到一起,为了实现社团活动的目标进行团结协作。第三,实践性强。社团活动为大学生提供了广阔的实践平台,大学生通过社团活动,可以锻炼自己的组织能力、策划能力、沟通能力与落实任务目标的能力。社团活动所特有的参与性、凝聚力与实践性,意味着具有强大的组织动员力、思想影响力和素质塑造力,适合渗透价值观教育的内容,用来开展隐性价值观教育。高校应高度重视社团活动的育人载体功能,把社会主义核心价值观融入其中,充实活动内容,提升活动内涵,在丰富多彩的社团活动中传播社会主义核心价值观,不断推进大学生对社会主义核心价值观的认同与践行。

发挥大学生社团活动的育人载体功能,要把握好以下几点。首先,要明

确社团活动的目的。社团虽然是大学生自发组成的群众性组织,但并不意味着可以脱离监管率性而为。为了保持正确的方向,社团仍然需要指导与引导。高校思想政治工作者指导社团活动,同样需要有明确的育人目标,指导学生设计充满正能量的活动主题与切实可行的方案。例如户外运动型社团,活动前要让同学事先准备要前往地点的相关材料,了解其历史和现状。社团活动组织者应通过优秀的讲解员,把渗透着丰富价值观教育内容的活动信息以情理交融的方式传导给大学生。其次,要健全制度,加强管理。高校要制定科学的管理办法,完善社团的准入、运行、评估、考核和退出机制。再次,要注重社团活动的总结和评价。一方面,社团活动的组织管理者要总结社团活动是否顺利实现了育人为本的预期目标,总结社团活动的经验和教训,总结活动参加者在心理和感情上的变化;要把优秀的总结报告存档,为后续大学生社团活动的组织提供参考。另一方面,活动参加者要对自己的所见所闻和活动感受进行总结,在参与者之间相互传阅交流。总之,社团活动能够以"润物细无声"的方式达到价值观教育的目的,高校要善于运用这类载体,引领大学生在情理交融的状态下认同与践行社会主义核心价值观。

三、社会实践活动要印证社会主义核心价值观

"纸上得来终觉浅,绝知此事要躬行",社会实践活动对于深化人们对思想政治教育的内容及其意义的认识具有重要催化作用,是大学生价值观教育的重要载体。教育部明确提出:"进一步加强高校实践育人工作,是全面落实党的教育方针,把社会主义核心价值体系贯穿于国民教育全过程,深入实施素质教育,大力提高高等教育质量的必然要求。"①通过可以印证社会主义核心价值观的内涵、意义与价值的社会实践活动,可以让大学生更加深刻地认识到我们这个社会需要什么样的社会核心价值观、为什么需要这样的社会核心价值观、怎么样培育这样的社会核心价值观,从而更加深刻地感悟

---

① 中华人民共和国教育部.教育部等部门关于进一步加强高校实践育人工作的若干意见[EB/OL].(2012-01-10)[2017-12-26]. http://www.moe.gov.cn/srcsite/A12/moe_1407/s6870/201201/t20120110_142870.html.

到社会主义核心价值观的真谛,并在日常工作生活中更加积极主动地实践社会主义核心价值观。

以社会实践活动印证社会主义核心价值观,从而引领大学生认同与践行社会主义核心价值观,符合大学生价值观念形成与发展的基本规律。第一,社会实践活动有助于大学生形成科学的思维方式。在社会实践活动中,大学生通过抵近观察、亲身参与、切身体验,比在书本上、课堂上更直接、更准确地把握事物的主流与本质,从而修正浅层认识和定势思维,形成深刻认识和辩证思维。这样的思维方式,有助于大学生深刻理解、培育和践行社会主义核心价值观的必要性、可能性与现实性。第二,社会实践活动可以陶冶大学生的情操。在社会实践活动中,大学生直面人们生产、生活的历史与现实,直面国家、民族的历史与现实,能够更加强烈地意识到自身的使命与担当,从而加强自我教育和自我提升,努力以社会主义核心价值观为引领,把自己塑造成对人民、对社会有价值的全面发展的优秀人才。同时,大学生这种思想观念的进步,也能够感染、带动、影响身边的人。第三,社会实践活动可以帮助大学生完成价值观的内化与外化。大学生在知识上、理性上、情感上接受社会主义核心价值观后,还需要将其融入经常的实践行为中去,才能使社会主义核心价值观最终转化为个人稳定的价值观。

由于社会实践活动可选择的内容广泛,时间、地点也可以非常灵活,将其视为大学生价值观教育的活动载体时,在具体组织中至少需要注意三点。首先,要做好前期准备。社会实践活动的准备工作主要有主题选择、经费筹集、结果预期、进程规划、主要方法、活动分工等等,其中关键是主题选择。组织者要根据大学生价值观教育的要求,选择能在一定程度上印证社会主义核心价值观的社会实践活动主题,努力使社会实践活动承担一定的价值观教育功能。其次,要做好活动过程的指导与督导。组织者要加强对社会实践活动的领导和指导工作,提供解决问题的思路和必要的服务,引导学生端正实践态度,全身心地投入社会实践活动;鼓励学生采用科学的实践方法,实事求是地采集一手信息;与此同时,全程跟踪调查行程,监督调查计划的进行情况,做好原始记录。最后,要指导学生做好社会实践报告的撰写。社会实践报告是社会实践活动的成果总结,涉及过程描述、数据分析、活动总结和论文撰写等环节。组织者要指导学生以辩证的思维认识社会实践活动中的经历,正确地进行数据分析,提出解决问题的方法、思路与对策,此外,还要做好活动的评价工作,对优秀的社会实践团队进行物质奖励或精神激励。

四、志愿服务活动要践行社会主义核心价值观

大学生志愿服务活动是指大学生自愿为社会或社会上特定的个体、群体提供义务帮助的活动。志愿服务承载着新时代大学生的友善精神,能够促进社会的和谐,是一个社会文明程度的深刻体现。高校要把大学生志愿服务活动与培育社会主义核心价值观结合起来,扩展志愿服务活动的广度,丰富志愿服务活动的内涵,引导大学生在参加志愿服务活动中践行社会主义核心价值观。

以志愿服务活动引领大学生价值观,有多重积极意义。第一,有利于增强大学生的公民观念。中华人民共和国公民应有的公民观念与社会主义核心价值观是相通的。大学生的公民观念是其社会主义核心价值观的重要组成部分。在志愿服务活动中,大学生通过自觉自愿地为他人、为社会提供帮助与服务,深切感受到自身对他人、社会的存在价值以及国家、社会对每一位公民的期许,从而进一步增强公民观念。第二,有利于人际和谐和社会融合。大学生在志愿服务活动中义务助人,有利于减轻特定群体的生活困难与心理压力,促进人际和谐;有利于缓解社会紧张与社会冲突,促进社会融合。志愿服务活动延伸到国际交往中,有利于加深各国人民之间的友谊,促进世界和谐。第三,有利于社会主义核心价值观在志愿活动主体内心固化,在志愿活动对象内心发芽。志愿服务活动能够激发大学生的爱心和同情心,增强大学生的宽容、尊重、责任、关爱等价值理念。通过与服务对象交往、了解和沟通,可以培养大学生的互助、理解、合作以及为他人着想、从他人的角度思考问题的优良品质。随着志愿活动的深入,社会主义核心价值观会在大学生志愿服务活动主体的内心固化。同时,志愿服务活动惠及的群体,也会深受感化,成为社会主义核心价值观的认同者与践行者。

志愿服务活动最能引起大学生的自豪感,在大学生中有着众多的支持

者、参与者,在引领大学生价值观中有着明显的优势。发挥其优势,需要把握以下两点:首先,要创新志愿服务活动的主题,扩展志愿服务活动的领域。目前,"西部计划""三支一扶""青年志愿者"等大学生志愿服务活动都有明确的主题,既有效帮助了服务对象,也引领了参与者崇高价值观的形成,已经成为中国志愿服务的品牌。为了扩大志愿服务活动的参与面、影响面,高校思想政治工作者应倡导"志愿活动无大小之分,人人可做志愿者,生活处处是志愿活动"的志愿服务理念,从日新月异的社会生活出发,创新活动主题,拓宽活动领域,吸引更多的青年学生参与其中。其次,参与志愿服务活动的大学生要投入真情,全心全意为对象提供志愿服务。志愿服务活动不图回报,其动力就是志愿者在社会主义核心价值观崇高精神的润泽下所形成的爱心与热情。在志愿服务活动中,志愿者要不怕烦琐,不畏艰难,把这种爱心与热情贯穿始终。在以往的实践中,有的志愿服务者有一定的功利主义思想,有的志愿者则会虎头蛇尾。组织者要及时发现类似问题,防微杜渐,纠正这种不良风气,保证志愿服务活动的顺利进行。

(本文发表于《高教学刊》2018年第11期,获第二届海南省高校思想政治工作学术论坛优秀论文奖)

新时代大学生社会主义核心价值观培育的逻辑进路[①]

王凯旋

（海南热带海洋学院旅游学院，海南三亚，572022）

摘　要：引领新时代大学生认同与践行社会主义核心价值观，要以系统工程的思维，按照"四个统筹"的逻辑进路层层推进社会主义核心价值观的培育。首先，要统筹社会、家庭和学校三大领域，在宏观上形成价值观培育的合力；其次，要统筹未成年人（中小学）阶段与大学阶段，在学校中循序推进价值观教育；再次，要统筹课堂教学、校园文化活动和社会实践，在大学教育全方位立德树人；最后，要统筹思政课、人文课和专业课，在课堂中全面渗透社会主义核心价值观。

关键词：大学生；社会主义核心价值观；培育；逻辑进路

大学生是特殊而重要的社会群体，大学生的价值观向来是社会价值观念发展的"晴雨表"与"风向标"。推进新时代大学生价值观教育，要有系统工程的思维。在系统工程中，无论哪个部分、哪个要素成为"短板"，都会影响整体的效果。新时代大学生价值观教育要消弭"短板"，增强实效，就必须以系统工程的思维，按照"四个统筹"的逻辑进路层层推进。首先，要统筹社会、家庭和学校三大领域，在宏观上形成社会主义核心价值观培育的合力；其次，要统筹未成年人（中小学）阶段与大学阶段，在学校中循序推进社会主义核心价值观教育；再次，要统筹课堂教学、校园文化活动和社会实践，在大学教育中全方位立德树人；最后，要统筹思想政治理论课、人文社会科学课和各类专业课，在课堂中全面渗透社会主义核心价值观。

一、第一重逻辑：宏观上统筹社会教育、家庭教育和学校教育

价值观不是在孤立空间里形成的。学校是大学生价值观念形成和发展

[①] 本文系海南省哲学社会科学规划课题（思政专项）（HNSZ2018-30）、海南热带海洋学院基层党建工作创新项目（RHDZ2019-8-3-10）的研究成果之一。

的重要环境,与此相对应是家庭,两者之间是社会。社会、家庭和学校交互作用,都对大学生价值观念的发展产生重要影响。统筹社会、家庭和学校三大领域,才能形成价值观教育的合力。

(一)大学生价值观教育融入社会教育

大学生价值观的生成,需要社会环境的熏陶、鼓励与支持。推进大学生价值观教育,必须充分发挥社会教育的功能。无论是广义的社会教育还是狭义的社会教育,都是价值观教育体系的重要组成部分,发挥着学校、家庭不可替代的作用。尤其是前者,具有自然性、渗透性等特点,便于在潜移默化中引领大学生价值观念的发展。

依托社会教育引领大学生价值观念发展,最根本的是优化大学生价值观生成的经济基础、政治架构、文化氛围、社会心理与生态环境。社会存在决定社会意识,这是唯物史观的基本原理。当代大学生面对的"社会存在",无疑就是中国特色社会主义的经济基础、政治架构、文化氛围、社会心理与生态环境。我们倡导"富强、民主、文明、和谐",倡导"自由、平等、公正、法治",倡导"爱国、敬业、诚信、友善",这"三个倡导"能否被当代大学生认同与践行,不仅在于我们如何宣传、如何教育,更在于我们在多大程度上优化经济基础、政治架构、文化氛围、社会心理与生态环境所构成的"社会存在"。在一定意义上,这些"社会存在"在多大程度上与社会主义核心价值观相适应,当代大学生就会在多大程度上认同并践行社会主义核心价值观。

(二)大学生价值观教育融入家庭教育

家庭是社会的细胞,家庭教育伴随着大学生成长的全过程。家庭教育具有连续性和持久性。大学生进入高校后,仍然受到家庭的深刻影响。家庭教育更全面、更广泛。家长对学生的言传身教随时可见。家庭教育具有权威性,家长的价值选择,会对子女产生一种无形的"权威性"影响。家庭教育具有继承性,人们往往会无意识地传承"家风"并用来培养下一代。推进大学生价值观教育,家庭是不可或缺的重要节点。

在当代中国,一些家庭重智育、轻德育。高校价值观教育虽然能在一定程度上弥补家庭教育的某些缺失,但无法代替家庭。提醒家庭"完善"价值观教育,是高校价值观教育的延伸。引导子女树立正确的世界观、人生观、价值观,认同并践行以"三个倡导"为核心的价值规范;引导子女养成顽强拼搏、自信自强的品质,调控自我、适应环境的能力,认真负责、勤奋严谨的态度,虚心好学、热情待人的性格;引导子女养成感受美、鉴赏美、享受美、表达美、创造美的能力,等等,这些都是家庭教育应有的内容。这些内容在多大程度上"缺失",就需要家庭在多大程度上"补课"。高校在开展常规性价值观教育的同时,应检测并向家庭反馈大学生价值观状况。必要时,高校可成立家庭教育指导委员会,组织家长配合学校推进大学生价值观教育。

(三)大学生价值观教育融入学校教育

学校作为价值观教育的主阵地,多年来积累了丰富的经验,但也存在一些问题。一是往往回避复杂的社会现实,一味地追求"净化"和"正面效果",但无法回答青少年的困惑和迷茫。二是未能科学地理解与运用"灌输"理论,从而很难充分发挥学生自我教育的主体性。三是长期存在功利主义倾向,忽视学生情感、态度、意志和兴趣的培养。四是脱离青少年价值观念发展的规律,幼儿园、小学就开始共产主义教育,大学阶段却要强化基本文明素养与社会公德教育。

针对上述问题,应从四个方面改进学校价值观教育。首先,应尊重学生的主体性,促使学生从内在需要出发实现自我教育。其次,应注重"价值澄清","回归大学生的生活世界,引导大学生在纷繁复杂的现实生活和大学生个体的特殊生活世界中,确立主体性的价值评判标准,实现对社会、他人以及自我的理解与认同,选择实现和提高自我价值的现实途径"。① 再次,应加强渗透性和人文性。应把社会主义核心价值观融入各类课程和各种活动中,避免价值观教育沦为单纯的知识性教育。应注重价值观教育与人文教育相融合,使学生在开阔人文视野、孕育人文精神的过程中,价值观念受到洗礼和感染。最后,应遵循青少年价值观念发展的规律,统筹未成年人教育与大学生教育。

---

① 李纪岩.引领与培育:当代大学生核心价值观生成的基础问题研究[M].北京:光明日报出版社,2018:106.

二、第二重逻辑：学校教育中统筹未成年人教育与大学生教育

推进大学生价值观教育,在其未成年人阶段就应奠基。幼儿园、小学是价值观的奠基阶段,重在培育学生"爱国、敬业、诚信、友善"的个体修养。中学是价值观的发展阶段,重在引领学生认同"自由、平等、公正、法治"等社会核心价值观。大学是价值观的提升阶段,重在引领学生树立建设"富强、民主、文明、和谐"国家的崇高理想。

(一)未成年人阶段奠定大学生价值观教育的基础

未成年人心智活跃,价值观可塑性强,关键在合理引导。未成年人价值观的形成有几个影响要素:价值观知识、生活体验以及情感、心理因素。综合考虑这些因素,开展未成年人价值观教育,一是要运用未成年人易于接受的教育方式。比如说通过游戏、故事、情景剧等情理交融的教育载体,引导未成年人产生情感共鸣。二是要重视言传身教。未成年人会无意识地模仿成年人的言行,要想让未成年人认同并践行社会主义核心价值观,成年人首先要率先垂范。三是要营造未成年人成长的良好环境。以良好的环境"修正"未成年人的价值观。四是要多管齐下,充分运用思想教育、感恩教育、体验教育、社会教育等要素,为未成年人价值观教育打下坚实的基础。①

(二)大学阶段巩固与完善大学生的价值观

大学阶段是从未成年人到成年人的过渡时期,这个时期的价值观教育应当与大学生心智走向成熟的阶段性特征相适应。培育"建设富强、民主、文明、和谐的国家"的理想性价值观,是大学阶段价值观教育的根本任务。目前,我国基础教育领域还存在重智育、轻德育的问题,一些学校未能有效培育学生的个体价值观与社会价值观。基础教育领域的这种不足,很大程度上还要靠大学阶段的价值观教育来弥补。大学阶段也是学生由"学校人"向"社会人"过渡的阶段。与"学校人"相比,"社会人"的生活范围扩展,视野大大开阔,价值观念也经历着洗礼。引导学生向"社会人"过渡,是大学的

---

① 叶松庆.当代未成年人价值观的演变与教育[M].合肥:安徽人民出版社,2007:290.

重要任务。大学生向"社会人"过渡的过程,也就是人的社会化过程。促成人的社会化,最有效的途径就是组织大学生"介入"到社会生活中去。这种"介入",要求高校将价值观教育的外延向社会实践延伸。组织大学生参与社会实践,目的不仅在于为社会服务,更是让大学生在社会实践中健全人格、调适价值观,使之更适应社会生活的需要。

三、第三重逻辑:在大学中统筹课堂教学、校园文化活动和社会实践

在大学教育中,课堂教学是基本的实践活动,校园文化活动是学生的第二课堂,社会实践是课堂在社会的延伸,只有三者充分结合,才能在高校形成价值观教育的合力。

(一)大学生价值观教育融入课堂教学

课堂教学体系完整、目标明确、内容具体、手段灵活,向来是大学生价值观教育的主渠道,但也面临许多挑战。从社会背景看,改革开放以来,多样化的文化与思潮影响着大学生价值观念的发展。从教育主体看,一些教师缺乏德育意识,"教书不育人";个别教师思想消极,缺乏对社会主义核心价值观的认同,难以发挥正面示范效应。从教育对象看,有些大学生在社会消极思想的影响下,对社会主义核心价值观缺乏兴趣。从教学内容和方法看,一些教材理论性强、内容松散、重复率高、脱离大学生实际,一些教师倚重灌输式教育,效果不佳。

新的时代背景下,更好地发挥课堂教学在大学生价值观教育中的主渠道作用,必须多管齐下。在队伍建设上,首要的是增强高校教师既"教书"又"育人"的使命感,以他们自身对社会主义核心价值观的认同与践行,发挥示范效应,引领青年学生。在教育内容上,要巩固马克思主义在意识形态领域的指导地位,把社会主义核心价值观融入各门课程的教学内容中。在教学方法上,要增强教师与学生的互动,充分运用各种新媒体开展教育,以增强社会主义核心价值观教育的感染力、吸引力和实效性。

(二)大学生价值观教育融入校园文化

校园是"第二课堂",校园文化活动是大学生价值观教育的有效载体。校风、校训、校标、校歌、校园精神等"校园文化符号系统"和校报、校刊、校内

广播电视、出版社、宣传栏、主题雕塑、校园环境等"校园文化载体系统"传导特定的思想、规范和价值标准,能够在潜移默化中引领大学生的价值取向。丰富多彩、积极向上的社团活动和激情澎湃、生动感人的文体活动可以陶冶学生的情操,净化学生的心灵,淬炼学生的品质,达到"入芝兰之室,久而自芳"的教育效果。高校校园文化所蕴含的精神品格与价值观念,还会伴随毕业生的足迹走向社会,引领社会核心价值观的发展方向。

高校应高度重视校园文化的育人功能,把校园文化建设纳入学校发展总体规划,营造文化育人的良好氛围;应结合办学历史与办学目标,把社会主义核心价值观融入学校发展的"文脉"中,确立特色鲜明、内涵丰富、导向科学、有感染力的"校园文化符号系统",树立学校形象,增强师生认同;应运用"校园文化载体系统",结合传统节庆日、开学典礼、毕业典礼、运动会、文艺演出等,传承校园文化,培育社会主义核心价值观。高校应高度重视网络、社团、公寓在育人中的作用,把握网络文化的发展规律,加强对网络文化的疏导和网上舆论的引导;把握校园文化思潮的发展动态,加强对社团领袖的教育与社团活动的引导;把握高等教育大众化时代的学生活动特点,加强公寓育人环境的建设和学生寝室舆论的引导。建有新校区的高校,还应实现新老校区文脉的传承。

(三)大学生价值观教育融入社会实践

实践出真知,社会实践是大学生价值观养成的必由之路。价值观的养成不是一蹴而就的,人们从"认知"某种价值观到"践行"某种价值观,会经过"内化—外化"的多次反复。经受社会实践检验的价值观,更可能被实践主体长期"践行"。大学生只有经过社会实践,才能把知识性的价值观"内化"为个体意识,"外化"为行为习惯。

高校应牢固树立"实践育人重在育德"的理念,在校内外一切实践活动中渗透价值观教育。要积极组织大学生"下农村""下工厂""下基地",让学生在社会实践中锤炼意志品质、培养创新精神、增强实践能力、全面提高素质,强化对社会主义核心价值观的认同,完成对社会主义核心价值观由知识向情感、态度、行为的转化。学校应加强管理和调控,健全运行机制与激励机制,使大学生普遍参与社会实践。

四、第四重逻辑:在课堂教学中统筹思政课、人文课和专业课

立德树人是高校各类课程的共同任务。在课堂教学中,"要统筹思想政治理论课教育、人文社会科学教育和专业教育,充分发挥课堂教学的主渠道作用"①。

(一)大学生价值观教育融入思想政治理论课

思想政治理论课是大学生价值观教育的主阵地、主课堂、主渠道。在思想政治理论课中推进价值观教育,要通过科学的教学体系落实课程体系,运用各种教学手段让学生认同与践行社会主义核心价值观。要贴近时代、贴近实际、贴近学生,创新方法,拓宽途径,切实提高实效。为此,要坚持三个结合。一是坚持渗透教育与专题教育相结合。一方面,要把社会主义核心价值观教育内容分散纳入思想政治理论课课程体系中,与此同时,还应增加专题教育,帮助大学生从整体上认识社会主义核心价值观。二是坚持正面教育与纠偏教育相结合。正面教育的任务是做好理论阐释,引领学生认识社会主义核心价值观的科学内涵与实践要求。纠偏教育的任务是关注学生的思想、行为动向,了解学生价值认同与价值选择的偏差,有针对性地做好引导。三是坚持实践锻炼与情感体验相结合。要贴近学生、贴近实际、贴近时代,努力预见大学生的思想困惑,通过校内外教学、实践情境,建立起当代大学生与社会主义核心价值观之间的情感联系。②

(二)大学生价值观教育融入人文社会科学课

人文社会科学关注人的命运,阐释人的价值,关怀人的精神家园,使大学生不致因价值迷失、思想茫然而成为精神世界的流浪者。人文社会科学揭示价值体系的历史选择,有助于学生从历史逻辑的深度理解当代中国为什么要培育社会主义核心价值观。在课堂教学中推进价值观教育,必须高度重视并充分发挥人文社会科学课程的作用。

---

① 李纪岩.引领与培育:当代大学生核心价值观生成的基础问题研究[M].北京:光明日报出版社,2018:52.

② 裴正轩.在思想政治理论课中加强社会主义核心价值体系教育[J].思想理论教育导刊,2009(7):70-73.

要建立人文社会科学课程育人的长效机制。高校应结合社会主义核心价值观教育改革人才培养方案,为价值观教育融入人文社会科学课提供依据。要合理安排人文社会科学课的教学时间、价值观教育内容,确保课堂教学渠道畅通。要加强人文社会科学教师思想道德建设与师德师风建设,树立"课程思政"的育人理念。

要高度重视大学生的人文精神教育。高校教师尤其是人文社会科学类教师要结合课堂教学,正确回应大学生对人生现实问题与终极问题的追问,保持健全的人格和健康的心理。要正视青年学生对富强、民主、文明、和谐的渴望,对理想社会的追求,对人生价值与意义的反思,形成人文关怀的良好氛围。要引导大学生关注社会、关爱人生、塑造高尚人格、提升思想境界,践行爱国、敬业、诚信、友善的价值观。

(三)大学生价值观教育融入各类专业课

专业课是高校课堂教学最主要的内容。在专业课中渗透社会主义核心价值观,更隐蔽、更随机,更容易进入大学生头脑。所谓"更隐蔽",是指专业课中的价值观教育不露痕迹,润物无声。所谓"更随机",是指专业课教师可以在专业课的讲授中随时随地开展价值观教育。所谓"渗透性",是指价值理念可以自然地浸润在专业精神中。在课堂教学中推进价值观教育,必须高度重视并充分发挥专业教育的作用。

专业课教师要树立"课程思政"的育人理念,"树立科学性与思想性相统一的原则"①,大力弘扬科学精神,对教材做灵活处理,尽可能挖掘出教材中所蕴藏的价值观教育因素。尤其要重视发挥"学科史"的价值观教育功能。专业课教师可以通过讲授学科史,介绍攸关学科发展的代表性人物,以优秀学者的杰出成就、精神境界、成才道路、研究方法、思维方式等教育大学生,激励他们树立终生为真理而奋斗的进取精神;可以介绍学科发展与社会发展、民众需求的关系,激发学生的社会责任感与奉献精神。

要以专业教师的人格感染学生,以专业教师的价值观引领大学生的价

---

① 李纪岩.引领与培育:当代大学生核心价值观生成的基础问题研究[M].北京:光明日报出版社,2018:53.

值观。专业教师的人格浓缩了其心理素养、品德修养、思想观念、价值理念、工作态度等,对学生如何做人、做事、做学问形成了直接的示范。专业教师应恪守"学高为师、身正为范"的职业操守,自觉"为人师表",以高尚的人格引导大学生树立正确的价值观。

(本文发表于《漳州职业技术学院学报》2019年第4期,获第三届海南省高校思想政治工作学术论坛优秀论文奖)

参 考 文 献

[1]中共中央马克思恩格斯列宁斯大林著作编译局.马克思恩格斯选集:第1卷[M].北京:人民出版社,1995.

[2]中共中央马克思恩格斯列宁斯大林著作编译局.马克思恩格斯选集:第4卷[M].北京:人民出版社,1995.

[3]毛泽东.毛泽东选集:第2卷[M].北京:人民出版社,1991.

[4]邓小平.邓小平文选:第2卷[M].北京:人民出版社,1994.

[5]邓小平.邓小平文选:第3卷[M].北京:人民出版社,1993.

[6]习近平.习近平谈治国理政:第1卷[M].北京:外文出版社,2014.

[7]习近平.习近平谈治国理政:第2卷[M].北京:外文出版社,2017.

[8]习近平.习近平谈治国理政:第3卷[M].北京:外文出版社,2020.

[9]中共中央文献研究室.习近平关于青少年和共青团工作论述摘编[M].北京:中央文献出版社,2017.

[10]中共中央宣传部.毛泽东邓小平江泽民论思想政治工作[M].北京:学习出版社,2000.

[11]中共中央宣传部.毛泽东邓小平江泽民论社会主义道德建设[M].北京:学习出版社,2001.

[12]教育部社会科学司组.普通高校思想政治理论课文献选编(1949—2006)[M].北京:中国人民大学出版社,2007.

[13]张耀灿.思想政治教育学前沿[M].北京:人民出版社,2006.

[14]张耀灿,郑永廷,吴潜涛,等.现代思想政治教育学[M].北京:人民出版社,2006.

[15]沈壮海.思想政治教育的文化视野[M].北京:人民出版社,2005.

[16]宫志峰.思与行:当代大学生思想政治教育创新研究[M].济南:山东人民出版社,2007.

[17]宫志峰,李纪岩,李在武.大学生社会主义核心价值体系建设研究[M].北京:人民出版社,2012.

[18]张福记,李纪岩.高校思想政治教育研究[M].成都:四川教育出版社,2009.

[19]李纪岩.当代大学生社会主义核心价值观培育研究[M].济南:山东人民出版社,2013.

[20]李纪岩,王凯旋.培育和践行社会主义核心价值观个案研究[M].北京:光明日报出版社,2016.

[21]李伦.鼠标下的德性[M].南昌:江西人民出版社,2002.

[22]刘济良.价值观教育[M].北京:教育科学出版社,2007.

[23]陈立思.当代世界的思想政治教育[M].北京:中国人民大学出版社,1999.

[24]梁桂麟,刘志山.港澳台高校通识教育比较研究[M].北京:中国社会科学出版社,2008.

[25]张耀灿,刘伟.思想政治教育主体间性涵义初探[J].学校党建与思想教育,2006(12):8-11.

[26]宫志峰.主题主线主渠道:关于大学生思想政治教育问题[J].山东师大学报(人文社会科学版),2004,49(5):3-8.

[27]李焕明.思想政治教育的实现机制[J].山东师范大学学报(人文社会科学版),2003,48(1):117-119.

[28]韩喜平,周颖.习近平关于青年成长思想研究[J].思想教育研究,2016(03):31-36.

[29]佘双好.以当代中国马克思主义为指导办好中国特色社会主义大学:学习习近平总书记在全国高校思想政治工作会议上的讲话[J].求索,2017(10):37-45.

[30]李纪岩.论国外思想政治教育及其对我国青年德育的启示[J].山东省青年管理干部学院学报,2009(06):67-71.

[31]李纪岩,庄爱华.关于高校思想政治教育合目的性与合规律性的思考[J].政工研究动态,2009(23):8-10.

[32]李纪岩.在高校各类课堂教学中协同推进大学生价值观教育[J].临沂大学学报,2015(03):56-60.

[33]李纪岩.沂蒙精神的内涵体系、生成基础与弘扬路径[J].临沂大学学报,2015(6):13-17.

[34]李纪岩,宁波.区域特色文化资源的思想政治教育价值及其运用:以海南特色文化资源融入高校思想政治工作为例[J].文化学刊,2018(06):84-87.

[35]李纪岩,颜枫.物质生活对青少年价值观认同的影响及对策[J].当代青年研究,2018(04):5-10.

[36]李纪岩,张苗,林道美.习近平新时代青年思想政治教育思想研究[J].漳州职业技术学院学报,2019,21(04):6-14.

[37]王海建.试析习近平的大学生思想政治教育理论[J].现代教育科学,2014(9):53-57.

[38]方年根.论习近平青年修德观的重要来源[J].思想教育研究,2015(10):31-35.

[39]杨业华.十八大以来习近平的青少年思想道德教育思想探析[J].中南民族大学学报(人文社会科学版),2015(2):161-164.

[40]黄亮.习近平青年教育思想对大学生思想政治教育工作的启示[J].读书文摘,2016(2):158-159.

[41]李全喜,刘俭.习近平青年思想研究综述[J].河北青年管理干部学院学报,2017,29(02):6-11.

[42]易帅东.论习近平青年工作思想的重要理论和实践意义[J].北京青年研究,2017,26(04):14-18.

[43]温凌云.习近平青年思想探析[J].内蒙古师范大学学报(哲学社会科学版),2017,46(04):45-48.

[44]赵爱玲.党的十八大以来习近平青年思想政治教育思想研究综述[J].学校党建与思想教育,2017(06):12-16.

[45]邢瑞煜.思想政治教育机制探微[J].求实,2003(8):50-52.

[46]杨元华,夏科家,解超,等.大学生思想政治教育体制和机制创新研

究[J].思想理论教育,2008(3):12-18.

[47]钟健雄,段贝.和谐互动:思想政治教育的有效途径[J].重庆工学院学报(自然科学版),2007(6):140-143.

[48]马汝伟.论高校思想政治教育中的互动[J].中国高教研究,2004(3):75-76.

[49]蒙冰峰,廉永杰.实现社会主义核心价值体系的途径与机制[J].河南社会科学,2009(3):49-51.

[50]郝潞霞.高校思想政治教育贯彻落实社会主义核心价值体系的路径浅析[J].思想政治教育研究,2008(2):35-37.

[51]董见新,邵慧芳.网络行为失范问题的调查与分析[J].中国青年研究,2003(12):13-14.

[52]夏国英.大学生成为"社会人"的途径[J].嘉兴学院学报,2002(1):98-100.

[53]吴琼.专业课教学中的思想政治教育资源[J].现代教育科学(高教研究),2006(1):96-99.

[54]李维武.大学人文教育的失落与复兴[J].高等教育研究,2000,21(3):5-10.

[55]徐瑞鸿,戴钢书.中国传统社会核心价值观培育和践行路径探析[J].学术论坛,2014,37(09):9-12.

[56]王书侠.探析思想政治教育过程中主客体关系的"主体际说"[J].湖北第二师范学院学报,2008(3):104-105.

[57]刘文佳,于安龙.论心理效应与大学生社会主义核心价值观教育[J].教育评论,2015(3):62-64.

[58]齐琳琳.论大学校园标识系统建设与文化育人的有机结合[J].学校党建与思想教育,2016(12):92-94.

[59]王彬.论大学生社会实践活动[J].思想政治教育研究,2005(4):25-26.

[60]张国艳.关于当代大学生价值观教育途径和载体的思考[J].社科纵横,2009,24(07):142-144.

[61]康菲,盛春辉.论社会主义核心价值体系指导下的大学生价值观教育的形式和载体[J].辽宁行政学院学报,2010,12(11):121-122.

[62]肖湘愚,李茂平.志愿服务:社会主义核心价值观教育的有效载体[J].湘潭大学学报(哲学社会科学版),2011,35(02):158-160.

[63]蒋玄,阳德平.大学生社会主义核心价值观隐性教育载体探析[J].山西青年管理干部学院学报,2011,24(03):31-33.

[64]翁文艳.培养大学生领导力:高校核心价值观教育的新载体[J].当代教育科学,2013(11):32-35.

[65]石海兵,李莹.大学生社会主义核心价值观教育载体的应用状况及适用性分析[J].前沿,2013(18):28-30.

[66]陈茉.大学生社会主义核心价值观教育新载体建设探究[J].云南社会主义学院学报,2014,67(01):108-109.

[67]王君君.教育的载体融入社会主义核心价值观[J].中学政治教学参考,2014(09):4-5.

[68]李先锋,张黎姣.试论以思想政治理论课为载体的社会主义核心价值观教育[J].内蒙古师范大学学报(教育科学版),2014,27(11):49-51.

[69]朱景林.社会主义核心价值观培育需融入物质文明建设:基于思想政治教育物质载体研究[J].云南民族大学学报(哲学社会科学版),2015,32(04):151-156.

[70]滕菲.从难点中寻找突破点:试论高校青年教师社会主义核心价值观教育载体的培育路径[J].高教学刊,2015(14):153-154.

[71]高天.共青团工作成为大学生社会主义核心价值观教育有效载体探析[J].青年学报,2015(03):55-58.

[72]毛加明.以思政课实践教学为载体:实现地域文化教育与社会主义核心价值观培育的有效对接[J].山东商业职业技术学院学报,2015,15(05):99-102.

[73]徐川,刘晓.微信:高校社会主义核心价值观教育的新载体[J].南京航空航天大学学报(社会科学版),2015,17(04):84-87.

[74]胡建,冯开甫.红色资源:大学生社会主义核心价值观教育的重要

载体[J].思想理论教育导刊,2016(01):100-103.

[75]韩杰,赵浚.红色文化资源:社会主义核心价值观教育的优质载体[J].吉林工商学院学报,2016,32(01):89-91.

[76]庄立臣.论大学生社会主义核心价值观教育载体优化[J].高校辅导员,2016(02):20-23.

[77]刘作建,冯俊学,李建明.公民教育实践活动:社会主义核心价值观教育的新锐载体[J].中学政治教学参考,2016(11):42-45.

[78]廖金香,刘宁.大学生社会主义核心价值观教育的载体运用研究[J].湖北经济学院学报(人文社会科学版),2016,13(07):173-175.

[79]周刚.大学生社会主义核心价值观教育载体选择的影响因素及基本原则[J].学校党建与思想教育,2016(21):40-42.

[80]王琦,张俊.新时期大学生价值观教育中的活动载体建设研究[J].当代教育理论与实践,2016,8(11):136-138.

[81]牟文谦,董佳影.论大学生社会主义核心价值观教育的微文化载体[J].黑龙江高教研究,2017(02):110-112.

[82]敖永春,刘婷.思想政治教育载体对大学生价值观培育的影响及对策[J].重庆交通大学学报(社会科学版),2017,17(01):19-22.

[83]张晓.文化安全视域中大学生社会主义核心价值观教育的载体融入[J].高等财经教育研究,2017,20(01):72-76.

[84]李玉英,赵健.志愿服务:大学生核心价值观养成教育的重要载体[J].山东青年政治学院学报,2017,33(02):46-50.

[85]梅萍,韩静文.大众文化载体在大学生生命价值观教育中的功能及运用[J].学校党建与思想教育,2017(07):25-27.

[86]高小枚,屈正红.电影媒体:社会主义核心价值观教育的重要载体[J].广西青年干部学院学报,2017,27(04):66-69.

[87]陈艳红,董玉来.红色教育基地:社会主义核心价值观教育的重要载体[J].山西高等学校社会科学学报,2018,30(05):77-81.

[88]尹宗平,胡彩林.以文明寝室为载体的价值观教育的研究[J].合肥学院学报(综合版),2018,35(04):126-129.

[89]余利.提升社会主义核心价值观教育话语权的新载体[J].马克思主义哲学论丛,2018(02):52-60.

[90]曹静,王小莉,郑晶晶.社会实践:大学生社会主义核心价值观教育的重要载体[J].高校辅导员学刊,2019,11(01):52-55.

[91]孙雅艳,郭立冬.戏曲现代戏:社会主义核心价值观教育的优势文化载体[J].思想政治教育研究,2019,35(02):35-38.

[92]张军成,李威浩.革命文化:大学生社会主义核心价值观教育有效载体[J].社科纵横,2019,34(06):128-132.

[93]杨文革.以劳模精神为载体进行社会主义核心价值观具象化教育[J].经济研究导刊,2019(27):189-191.

[94]李姣.实践育人共同体:高校社会主义核心价值观教育的重要载体[J].教育教学论坛,2019(44):29-30.

[95]苗建峰.以红色文化为载体培育新时代社会主义核心价值观的几点思考:以高校思想政治教育工作为例[J].长江丛刊,2020(22):173,175.

[96]侯秋月.国学教育:大学生社会主义核心价值观培育的有效载体[J].中国高等教育,2020(19):33-35.

[97]姚晶晶,朱珈楠.立德树人理念下的青年学生价值观教育载体构建探究[J].浙江工业大学学报(社会科学版),2020,19(04):460-465.

[98]孔庆金,冯贝,吴明永.以微信为载体的大学生社会主义核心价值观教育[J].中学政治教学参考,2021(16):65-68.

[99]尹建平.高校思想政治教育中学生主体性研究[D].重庆:西南师范大学,2005.

[100]董易莹.大学生社会主义核心价值观教育的载体研究[D].武汉:中南民族大学,2013.

[101]吴京玲.高校思想政治教育主体建设研究[D].大连:辽宁师范大学,2015.

[102]王婷婷.习近平青年思想政治教育思想研究[D].昆明:云南师范大学,2016.

[103]雷莹莹.社会主义核心价值观教育:校训载体研究,以华中科技大

学为例[D].武汉:华中科技大学,2016.

[104]赵文霞.高校社会主义核心价值观教育的实践载体研究[D].秦皇岛:燕山大学,2016.

[105]人民网.中共中央办公厅印发《关于培育和践行社会主义核心价值观的意见》[EB/OL].(2013-12-24)[2022-01-24].http://politics.people.com.cn/n/2013/1224/c1001-23925470.html.

[106]习近平.决胜全面建成小康社会 夺取新时代中国特色社会主义伟大胜利——在中国共产党第十九次全国代表大会上的报告[EB/OL].(2017-10-27)[2022-02-11].http://www.xinhuanet.com/politics/19cpcnc/2017-10/27/c_1121867529.htm.

[107]孙宇.社会实践活动之思想政治教育功能新论[EB/OL].(2009-08-13)[2022-02-11].http://www.sociology2010.cass.cn/xscg/ztyj/qs-nyj/200908/t20090813_1981570.shtml.

后　　记

早在十多年前,还在山东师范大学攻读硕士研究生期间,耳濡目染山东师范大学成熟的高校思想政治教育理论研究与实践工作,我就对大学生价值观教育产生了比较浓厚的兴趣,对相关问题有了一定思考。

硕士研究生毕业后,我先后在临沂大学、海南热带海洋学院从事辅导员工作,后来又转任专职思想政治理论课教师。工作中,我一方面将从山东师范大学所学用于大学生价值观教育实践,一方面结合实践进行着大学生价值观教育的理论研究,先后主持了山东省人文社会科学研究课题"基于沂蒙精神育人的大学生价值观教育研究"等7项省级、厅级、校级课题的研究,发表了一系列论文,对相关问题形成进一步认识。

本书就是在多年来相关思考的基础上,聚焦"大学生价值观教育载体"这一特定领域形成的研究成果。本成果也是我近年来主持的海南省哲学社会科学规划课题(思政专项)(HNSZ2021-27)、海南热带海洋学院教育教学改革研究项目(RHYJG2021SX06)和参与的海南省高校思想政治工作中青年骨干队伍建设项目(2020-30-2-7)、教育部人文社会科学研究一般项目(20XJA710003)、海南省高等学校教育教学改革研究重点项目(HNJG2021ZD-36)、海南热带海洋学院教育教学改革研究重点项目(RHYJGZD2020-09)、海南热带海洋学院教育教学改革研究项目(RHYJCJG2020-04)等课题研究的一部分,分别从大学生价值观教育课程载体、活动载体、文化载体、生活载体、网络载体、社团载体、公寓载体的建设与运用等角度支持了这些课题的研究。为了呈现研究的连续性,书中还附录了我在大学生价值观教育领域已经发表的部分成果。

本书在研究、撰写过程中,参考了大量专家、学者的相关成果,有的做了脚注,有的列入参考文献。在此,谨向相关专家、学者表示崇高的敬意!向为本书出版付出辛勤劳动的编辑老师表示衷心的感谢!作者尽可能按照有关规范展开研究,但内容或形式上仍可能存在疏漏,对一些问题的研究也还不够透彻,在此,恳请有关专家、学者批评指正!

王凯旋

2022 年 3 月于三亚